MINI-HÁBITOS

Stephen Guise

Mini-hábitos
Como alcançar grandes resultados com o mínimo de esforço

TRADUÇÃO
Leonardo Alves

4ª reimpressão

Copyright © 2013 by Stephen Guise

Grafia atualizada segundo o Acordo Ortográfico da Língua Portuguesa de 1990, que entrou em vigor no Brasil em 2009.

Título original
Mini Habits: Smaller Habits, Bigger Results

Capa
Eduardo Foresti

Preparação
Raphani Margiotta

Revisão
Ana Maria Barbosa
Márcia Moura

Dados Internacionais de Catalogação na Publicação (CIP)
(Câmara Brasileira do Livro, SP, Brasil)

> Guise, Stephen
> Mini-hábitos : como alcançar grandes resultados com o mínimo de esforço / Stephen Guise ; tradução Leonardo Alves. — 1ª ed. — Rio de Janeiro : Objetiva, 2019.
>
> Título original: Mini Habits : Smaller Habits, Bigger Results.
> ISBN 978-85-470-0078-3
>
> 1. Hábitos 2. Mudança (Psicologia) 3. Mudança de comportamento I. Título.

19-23742   CDD-158.1

Índice para catálogo sistemático:
1. Hábitos : Mudança de comportamento : Psicologia aplicada   158.1

Cibele Maria Dias – Bibliotecária – CRB-8/9427

Todos os direitos desta edição reservados à
EDITORA SCHWARCZ S.A.
Praça Floriano, 19, sala 3001 — Cinelândia
20031-050 — Rio de Janeiro — RJ
Telefone: (21) 3993-7510
www.companhiadasletras.com.br
www.blogdacompanhia.com.br
facebook.com/editoraobjetiva
instagram.com/editora_objetiva
twitter.com/edobjetiva

Sumário

Prefácio 7

PARTE I: APRESENTAÇÃO AOS MINI-HÁBITOS 9
PARTE II: COMO O CÉREBRO FUNCIONA 29
PARTE III: MOTIVAÇÃO VERSUS FORÇA DE VONTADE 41
PARTE IV: A ESTRATÉGIA DOS MINI-HÁBITOS 57
PARTE V: A DIFERENÇA DOS MINI-HÁBITOS 75
PARTE VI: MINI-HÁBITOS — OITO PEQUENOS PASSOS
PARA GRANDES MUDANÇAS 89
PARTE VII: OITO REGRAS DOS MINI-HÁBITOS 129

Considerações finais 143
Notas 147

Prefácio

Depois de uma década fazendo experiências com estratégias de desenvolvimento pessoal, comecei, por acaso, meu primeiro mini-hábito — que resultou em mudanças bastante duradouras —; então percebi que os métodos que eu usava eram completos fracassos. Quando alguma coisa funciona, tudo o que não funciona vem à tona. A ciência de *Mini-hábitos* revela os previsíveis resultados inconstantes da maioria das famosas estratégias de crescimento pessoal e demonstra por que os mini-hábitos, por outro lado, são constantes.

Um mini-hábito é uma postura positiva muito pequena que você se obriga a fazer todos os dias; o caráter "pequeno demais para dar errado" dos mini-hábitos lhes confere uma leveza e uma força extraordinárias e os torna uma estratégia superior para a formação de hábitos.

Com os mini-hábitos, você estará mais preparado para transformar a própria vida do que 99% das pessoas no planeta. É muito comum as pessoas acreditarem que elas mesmas são o motivo de não conseguirem realizar mudanças duradouras; mas o problema não está nelas — está na estratégia que usam. É possível alcançar conquistas grandiosas sem a culpa, a intimidação e os repetidos fracassos relacionados a estratégias como "se motivar", traçar resoluções, ou até mesmo "fazer logo". Para que as mudanças durem, você precisa parar de lutar contra seu cérebro. Quando você começa a jogar de acordo com as regras do cérebro — que é o que os mini-hábitos vão ensinar —, não é tão difícil realizar mudanças duradouras.

Parte I

Apresentação aos mini-hábitos

Toda jornada de mil quilômetros começa com um passo.
Lao Tse

Vamos criar seu primeiro mini-hábito.

Leia pelo menos duas páginas deste livro todos os dias, até acabar. Você pode ler mais do que isso, mas nunca menos. A leitura de duas páginas não vai demandar muito tempo ou esforço, então você não tem desculpa. Agora, você vai ver como é *ter* um mini-hábito enquanto *lê* sobre mini-hábitos.

Encoste no seu nariz agora. É sério. Vou explicar depois. Certo, agora pense no significado que as verdades a seguir têm para a sua vida:

1. Intenções grandes não valem nada se não produzem resultados. Por exemplo, eu posso *falar* que vou fazer duas horas de atividade física por dia, mas, se nunca fizer, o tamanho da intenção não faz diferença. Na verdade, intenção sem ação prejudica a autoestima.

2. Estudos indicam que as pessoas superestimam cronicamente a própria capacidade de autocontrole.[1]

Esses dois dados simples revelam por que tanta gente tem

dificuldade para mudar. Elas têm grandes ambições, mas superestimam a própria capacidade de se obrigar a fazer o necessário para a mudança. É um desequilíbrio entre o desejo e a capacidade.

Aqui vão mais dois fatos que devem ser levados em conta:

1. Fazer um pouquinho é *infinitamente* maior e melhor do que não fazer nada (tanto em termos práticos quanto de matemática).
2. Fazer um pouquinho *todo dia* produz um impacto maior do que fazer muito em um dia. Maior quanto? Muito maior, porque um pouquinho todo dia já basta para se transformar em um hábito elementar para toda a vida, e esses são muito importantes, como você vai ver.

Se você acha que esses enunciados parecem razoáveis, a principal conclusão a se tirar deles é que as intenções pequenas são melhores que as grandes. Interessante, não é? Isso é só o começo.

Você já se sentiu preso em alguma ocasião? Já tentou realizar uma mudança positiva em si mesmo e não conseguiu? Já fez isso várias vezes e até parou de tentar por períodos extensos?

Acho que todos já passamos por isso, mas permita que eu faça perguntas mais interessantes.

E se sua dificuldade para agir e se ater ao seu plano nunca tiver sido um problema seu, e sim um problema da sua estratégia — a estratégia que quase todo mundo aplica e defende? E se a ciência do comportamento humano, da força de vontade e do cérebro sugerisse uma alternativa melhor para se ater aos seus planos — uma que quase nunca é praticada ou promovida? E se a adoção dessa estratégia nova mudasse tudo e você soubesse que, independentemente do que estivesse sentindo, é possível agir, atingir seus objetivos, formar bons hábitos e transformar a sua vida?

Seja bem-vindo ao mundo dos mini-hábitos.

Parece um exagero, eu sei, mas foram justamente essas a realidade e a revelação que me ocorreram a partir do final de 2012. Os dez anos anteriores da minha vida tinham sido um período de buscas e esforços constantes para crescer, e de resultados frustrantes. Então, tentei algo que gerou uma revolução diferente de tudo o que eu já conhecia: tratei de compreender *por que* exatamente essa estratégia estranha deu tão certo e fiquei (e ainda estou) impressionado com a maneira como tudo faz sentido. E agora eis este livro.

Nós logo atribuímos a nós mesmos a culpa pela falta de progresso, mas demoramos a culpar nossas estratégias. Então as repetimos várias vezes, tentando fazer com que funcionem. Mas a questão é a seguinte: se a gente usa determinada estratégia algumas vezes e nunca dá certo, é preciso tentar outra. Não adianta nada ela funcionar para todo mundo se não funciona para você. Essa é uma lição que eu queria ter aprendido há anos.

Pedi que você encostasse no seu nariz antes porque queria que você provasse algo a si mesmo. Em primeiro lugar, repare que não existe recompensa alguma no ato de encostar no seu nariz. Em segundo, pense que você encostou de qualquer jeito porque pode. Se você não encostou naquele momento, encoste agora, para que as palavras a seguir se apliquem ao seu caso (ou, se você é uma pessoa teimosa, escolha qualquer outra ação pequena).

Você conseguiu encostar no seu nariz porque a resistência sentida não foi maior que sua força de vontade. Parabéns! Você agora tem o certificado *Mini-hábitos*.

Isso foi um exercício rudimentar de força de vontade. Se você consegue se obrigar a encostar no próprio nariz, então consegue ter sucesso com a estratégia deste livro. Não é brincadeira. Este livro existe porque fiz uma flexão no dia 28 de dezembro de 2012. Minha capacidade de fazer barra dezesseis vezes seguidas e melhorar meu condicionamento físico é resultado daquela flexão. Leio e escrevo todos os dias por causa daquela flexão. Aquela flexão foi o primeiro passo que levou a todas essas grandes mudanças na minha vida.

Cada grande conquista repousa nas fundações do que havia antes; quando analisamos a evolução, vemos que tudo começou com um pequeno passo. Sem aquela flexão, eu ainda estaria com dificuldade para me motivar a ir para a academia, a ler e escrever com frequência. Aquela flexão me fez descobrir esta nova estratégia, que me proporcionou grandes benefícios. Você está pronto para ouvir a história de como uma pequena ação mudou tudo para mim?

COMO TUDO COMEÇOU: O DESAFIO DA FLEXÃO

Estou pensando em chamá-la de "flexão dourada".

Era 28 de dezembro de 2012, e o novo ano se aproximava. Como muitas pessoas, eu refletia sobre 2012 e não estava satisfeito. Queria um 2013 melhor; meu maior desejo era entrar em forma. Meu objetivo, no entanto, não era definir uma resolução de ano-novo — fazia anos que eu decidira não usá-las, porque o índice de sucesso é de irrisórios 8%.[2]

Minha sensação era de que seria mais fácil me dar bem em Las Vegas do que na vida. Eu vinha tentando me habituar a fazer exercícios físicos desde meus últimos anos no ensino médio, mas, durante uma década, nunca consegui, por mais que me esforçasse. Esse resultado não costuma encher a gente de confiança! Meus surtos de motivação para mudar geralmente duravam umas duas semanas, até eu desistir por algum motivo. Às vezes não havia motivo algum; eu só parava. Como eu queria fazer algo antes do ponto de partida arbitrário de 1º de janeiro, que é associado a resoluções, decidi começar a fazer exercícios ali mesmo, por trinta minutos.

Não me mexi. Não consegui ter motivação. Passei pelo mesmo processo que eu costumava seguir para "me motivar". *Vamos lá, Stephen. Campeões de verdade se esforçam mais.* Tentei ouvir músicas animadas, tentei me imaginar com um belo corpo de verão etc. Nada adiantou. Eu me sentia fora de forma, letárgico e inútil, a ponto de não conseguir fazer nada. Trinta minutos de atividade física pareciam o monte Everest. A ideia de me exercitar não me agradava nem um pouco. Eu me sentia derrotado, e fui.

O que me intimidava não era só o tempo ou o esforço dos trinta minutos de exercícios físicos, e sim tudo o que eu teria que fazer para satisfazer meu desejo de entrar em forma. Era a vastidão entre o aqui e o depois. Minha mente sofria com o peso de um ano de exercícios físicos. Eu me sentia culpado, assoberbado e desanimado antes mesmo de fazer qualquer coisa!

O momento decisivo

Meses antes, eu havia lido um livro fantástico sobre pensamento criativo e solução de problemas chamado *Thinkertoys*, de Michael Michalko. Um dos "brinquedos" de pensamento criativo que ele descreve se chama Lados Falsos. Em Lados Falsos, a gente considera o oposto do que está pensando na hora e vê que ideias criativas aparecem. Um exemplo grosseiro: em vez de construir um arranha-céu, e se a gente construir uma estrutura subterrânea? Temos ideias criativas ao obrigar nossa mente a se distanciar e ver todas as possibilidades.

Eu tinha que resolver um problema, e essa técnica apareceu na minha cabeça, então pensei no oposto de trinta minutos de exercícios físicos. Comer sorvete e ver TV seria o contrário de fazer exercícios. Depois, considerei que trinta minutos inteiros pareciam um desafio *imenso* naquele momento (ou seja, o Everest). Outro oposto, então, podia ser o tamanho do exercício. E se, em vez desse compromisso grande de trinta minutos de suor e desconforto, eu fizesse uma única flexão? Eu não teria nenhuma obrigação de fazer mais — só uma flexão. Era o verdadeiro inverso da minha sessão Everest de exercícios físicos.

Ri da ideia, literalmente. *Que ridículo! Uma flexão não vai ajudar em nada. Eu devia me esforçar mais!* Mas, sempre que eu revertia para meu plano original, não conseguia colocar nada em prática. Depois que me cansei de não fazer trinta minutos de exercícios, pensei: *Que se dane, vou fazer só uma flexão.* Fui para o chão, fiz uma flexão e transformei a minha vida para melhor.

Quando me deitei para fazer a flexão, percebi que era exatamente a mesma posição inicial de uma sessão de trinta minutos. Fiz a flexão; meu ombro estalou, meus cotovelos precisaram de lubrificante; foi como se meus músculos estivessem acordando de um cochilo de 24 anos. Mas fiz outras sem parar, porque já estava posicionado. Cada flexão castigava meus músculos negligenciados e meu cérebro teimoso.

Ao me levantar, concluí que aquilo era melhor do que nada. Veja bem, eu ainda estava com vontade de desistir. Então tive a ideia de tentar mais um desafio pequeno de uma barra horizontal. Era fácil demais para recusar. Fixei minha barra e fiz uma. E depois fiz mais algumas. *Interessante,* pensei, *é difícil, mas não tanto quanto eu imaginava.*

Meus músculos estavam se aquecendo. Minha motivação havia aumentado, mas tinha começado tão baixa (e eu estava tão fora de forma) que minha resistência interna ainda era grande. Continuei com a mesma estratégia, reduzindo tanto quanto fosse necessário para seguir em frente. Durante uma sessão de flexões, eu precisara estabelecer sete micro-objetivos: *certo, mais uma, certo, mais duas, agora mais uma.* Cada vez que eu estipulava um desafio muito fácil, cumpria-o ou o superava. Foi bom finalmente cumprir uma meta.

Quando terminei, eu havia passado vinte minutos me exercitando e estava me sentindo ótimo. A essa altura das minhas sessões de exercício físico, geralmente eu completava uma videoaula de dez minutos de abdominais. Quando a ideia me passou pela cabeça, meu cérebro abateu de imediato como se fosse um pássaro digital do Duck Hunt,* dizendo: "Você já se divertiu. Não abuse da sorte". No entanto, é provável que você já tenha imaginado o que foi que eu fiz.

Decidi abrir meu tapete de exercícios no chão. O cérebro aceitou. Depois, decidi procurar uma videoaula de abdominais. O cérebro aceitou. A seguir, decidi passar o vídeo. Dez minutos mais tarde, meu abdome estava pegando fogo. É importante destacar que foram decisões isoladas. Em nenhum momento minha mente encarou o fardo total de concluir uma série pesada de dez minutos de abdominais. Se tivesse encarado, eu nunca teria feito.

Um dia depois de transformar uma flexão em uma série aparentemente impossível de trinta minutos de exercícios, escrevi "The One Push-up Challenge" [O desafio da flexão]. Foi um dos meus posts de maior sucesso até hoje. Ainda recebo mensagens de pessoas que me relatam que as ajudei a se exercitar com frequência.

Ao longo de 2013, continuei exigindo de mim mesmo uma flexão por dia. Eu fazia mais de uma, mas, um dia, só lembrei quando já estava na cama. Então me virei de bruços e fiz uma flexão na cama. Dei risada com a ideia de atender o requisito diá-

---

* Duck Hunt é um jogo de video game da década de 1980 (N. E.).

rio no último segundo. Parece inútil, mas na verdade foi incrível conseguir manter a sequência com tanta facilidade. Mais tarde, eu descobriria como isso foi importante para o meu sucesso.

Percebi duas coisas. Primeiro, um punhado de flexões por dia *de fato* afeta a maneira como nos sentimos, tanto física quanto mentalmente. Eu me sentia mais forte, e meu condicionamento físico estava melhor. Segundo, percebi que os exercícios físicos estavam se tornando um hábito; mesmo com um desafio tão bobo, eu estava fazendo *algo* todo dia. Estava ficando mais fácil me exercitar com regularidade. Com essa experiência positiva, tive curiosidade para saber se a ciência explicava como passos superpequenos funcionavam melhor comigo do que metas maiores. Minhas pesquisas demonstraram que ela realmente explica, e você vai ver isso ao longo deste livro. Não existe nenhum estudo específico que diga que "mini-hábitos são a solução", mas essa filosofia de criação de hábitos repousa nos ombros de dezenas de estudos que revelaram a natureza da força de vontade e do cérebro e o que é preciso para agir com regularidade.

A partir do final de junho, troquei os exercícios em casa pela academia e desde então ganhei alguns quilos de músculo. Em 20 de setembro, percebi o potencial dessa fórmula para outras áreas da minha vida, como leitura e escrita. Desde esse dia, é impressionante como aumentei minha produtividade e me mantive em excelente forma. Tudo o que eu queria antes está acontecendo agora. Recentemente, comecei até a comer saladas enormes só porque eu queria. Quando a gente se dedica a áreas cruciais como saúde e aprendizado, a gente costuma se empenhar em outras áreas também.

SOMENTE PARA HÁBITOS BONS

Antes de prosseguirmos, quero que você compreenda que este livro não vai ajudar ninguém a parar de fumar ou controlar um vício em jogos. Mini-hábitos servem somente para hábitos bons — acrescentar posturas positivas à sua vida para obter benefícios por anos. Abandonar hábitos ruins e criar hábitos bons até seguem o mesmo objetivo — substituir um comportamento estabelecido por um melhor —, só que, com hábitos ruins, sua motivação principal para a mudança é um impulso de se *distanciar* de algo ruim. Já com hábitos bons, sua motivação principal para a mudança é um impulso de se *aproximar* de algo bom. Mini-hábitos se concentram no impulso de aproximação.

Para mudar hábitos ruins arraigados e *ativos*, como dependência de substâncias, o processo psicológico é diferente, por isso talvez seja necessário auxílio profissional. Se você, no entanto, está atrás de um método de longo prazo para ajudar com hábitos ruins *passivos*, como preguiça, medo ou procrastinação, este livro pode ajudar muito. É comum que hábitos ruins passivos sejam marginalizados quando incorporamos hábitos bons à nossa vida. Como vamos continuar com os hábitos ruins se passarmos todo o nosso tempo com hábitos bons? E, para falar a verdade, é bem fácil acrescentar hábitos bons desse jeito. Em geral, gambiarras não adiantam nada, mas, quando a gente passa literalmente uma década (ou mais, para algumas pessoas) lutando contra o próprio cérebro, uma estratégia que trabalha *com* o cérebro vai ser mais fácil. Com o conhecimento certo e a estratégia adequada para a mudança, o que antes parecia impossível se torna bastante simples e possível. É como tentar abrir uma porta trancada — só é fácil quando a gente tem a chave certa (ou se você for um chaveiro ou ladrão, mas aí a analogia fica complicada demais).

Dito isso, as pessoas que estão imersas na escuridão (provavelmente por causa de hábitos ruins) também precisam de luz. Se a sua vida é uma confusão de hábitos ruins, o acréscimo de alguns bons pode transformá-la. A escuridão não existe por conta própria — é o nome que damos à *ausência* de luz. Talvez as pessoas tenham hábitos ruins porque não dispõem da luz dos hábitos bons, o que permite a existência de um vazio escuro em sua vida. Quando acrescentamos hábitos bons ao nosso cotidiano, ele se ilumina com outra trajetória possível, renova nossa confiança e nos dá esperança. E também forma uma base brilhante para seguir construindo.

Essa informação serve ainda como filosofia de vida que demonstra, explica e exalta que o primeiro passo à frente sempre é o mais importante... de longe. Em outras palavras, ela pode ajudar você em outras áreas além dos seus hábitos. Não tenho apenas esperança de que este livro o ajude, eu tenho certeza... tanto quanto de que as resoluções de ano-novo da maioria das pessoas não vão se concretizar. Ou seja, é uma probabilidade estatística alta. Com mini-hábitos, você pode se juntar às pessoas que transformam de maneira inacreditável sua própria vida.

UMA BREVE SINOPSE DOS MINI-HÁBITOS

Como vou falar muito de mini-hábitos durante o livro, quero explicar rapidamente o conceito. Um mini-hábito é uma versão *muito* menor do hábito novo que você quer formar. Cem flexões por dia se reduzem a uma flexão por dia. Três mil palavras escritas por dia se tornam cinquenta palavras por dia. Uma mentalidade positiva constante se torna dois pensamentos positivos por dia. Levar uma vida empreendedora se torna pensar em duas ideias por dia (entre outras atividades empreendedoras).

A base do sistema *Mini-hábitos* está nos passos "ridiculamente pequenos". O conceito de passos pequenos não é nenhuma novidade, mas a maneira como eles funcionam, e por quê, ainda não foi bem explorada. É claro que passos pequenos são algo relativo; um passo pequeno para você pode ser um salto gigantesco para mim. Dizer "ridiculamente pequeno" esclarece, porque, se um passo parece ridículo em comparação com o máximo que você consegue fazer, então é perfeito.

O poder do sistema *Mini-hábitos* reside na aplicação, na mentalidade, na retroalimentação positiva intrínseca, no incremento natural da autoeficácia e, claro, na transformação de pequenos passos em hábitos. Isso vai ser explicado, mas também é algo intrínseco; é um sistema simples com embasamento complexo e inteligente.

O jeito de lidar com esses mini-hábitos é usar uma pequena dose de força de vontade para nos obrigar a pôr algo em prática. Não precisamos de muita força de vontade para fazer uma flexão ou bolar uma ou duas ideias.

Quem segue o sistema *Mini-hábitos* se beneficia com resultados surpreendentes. Primeiro, são grandes as chances de você fazer "repetições extras" depois de cumprir o requisito baixo. Isso acontece porque já desejamos essa postura positiva, e o fato de termos começado reduz a resistência interna. O segundo benefício é a rotina. Mesmo se você não for além do requisito baixo, o comportamento vai começar a se tornar um (mini-)hábito. A partir daí, faça repetições extras ou incremente o hábito. Outro benefício é o sucesso constante. Um banco pode ser forte demais para falir, mas mini-hábitos são *pequenos demais para dar errado*; portanto, eles não possuem o sentimento destrutivo comum de culpa e insuficiência que acompanha um fracasso. Este é um dos raros sistemas que praticamente garante sucesso todos os dias graças a uma espiral de incentivo poderosa e metas sempre alcançáveis. Os mini-hábitos me fizeram acreditar que nada era capaz de me parar; antes de dar início aos mini-hábitos, eu me sentia incapaz de começar qualquer coisa.

Resumindo, um mini-hábito é um comportamento positivo MUITO pequeno que você se obriga a fazer todos os dias. Pequenos passos funcionam sempre, e hábitos se formam por meio de continuidade, então essas duas coisas foram feitas uma para a outra, como em uma história de amor, só que melhor!

OS HÁBITOS E O CÉREBRO

Quem disse que não podemos usar pequenos passos no nosso dia a dia? Claro que podemos! Os hábitos são a base da sua vida, ignorá-los é um erro grave. Quando o Desafio da Flexão me fez descobrir o poder dos pequenos passos, eu me senti um super-herói que tinha acabado de desvendar um superpoder e se perguntou: *Como posso usar isso para fazer o bem?* A resposta eram os hábitos.

Este livro se concentra no uso de pequenos passos para formar hábitos porque não existe nada mais importante que aquilo que temos costume de fazer. Um estudo da Universidade Duke concluiu que cerca de 45% do nosso comportamento é resultado de hábitos.[3] Eles são ainda mais importantes do que essa faixa de 45% sugere, porque, muitas vezes, trata-se de comportamentos repetidos (geralmente todo dia), e essa repetição leva a benefícios ou danos consideráveis no longo prazo.

O hábito de escrever mil palavras por dia resultaria em 365 mil palavras escritas em um ano. Isso equivale a sete romances com 50 mil palavras. Se bem que isso seria menos do que as 580 mil palavras de *Guerra e paz*, de Liev Tolstói.

Pense nestes romances clássicos que contêm cerca de 50 mil palavras cada:
— *O guia do mochileiro das galáxias*, de Douglas Adams (46 333 palavras);
— *A glória de um covarde*, de Stephen Crane (50 776 palavras);
— *O grande Gatsby*, de F. Scott Fitzgerald (50 061 palavras).

Claro que é possível que você não escreva um romance tão renomado logo na primeira tentativa (ou nas cem primeiras), mas, se escrever sete por ano, terá uma boa quantidade de tentativas para aperfeiçoar o ofício, não é?

Outros hábitos com potencial para mudar a sua vida:
— O hábito de fazer vinte minutos de exercícios físicos por dia é suficiente para mudar seu condicionamento.
— O hábito de comer alimentos mais saudáveis acrescenta anos à sua vida (e lhe dá mais vitalidade de modo geral).
— O hábito de se levantar uma hora mais cedo todos os dias para ler lhe daria 365 horas a mais por ano. Com uma velocidade média de leitura de trezentas palavras por minuto, esse tempo a mais permitiria que você lesse 6 570 000 palavras, ou outros 131 livros de 50 mil palavras por ano. São MUITOS livros, e é um jeito garantido de ampliar seu conhecimento.

Existem também exemplos menos concretos, como ter pensamentos positivos e gratidão, que podem produzir um impacto drástico na sua vida. Com os mini-hábitos, essa "loja" de vantagens para a vida está de portas abertas. Escolha seus hábitos preferidos e coloque-os no carrinho.

O dicionário define um hábito como uma "maneira usual ou frequente de se comportar, ação que se repete com regularidade". Como costumo pensar em termos de resistência e força de vontade, digo que é "um comportamento mais fácil de fazer do que de não fazer".

Os hábitos não podem ser acessados diretamente — não dá para criar ou eliminar um hábito de imediato. Eles são formados ao longo do tempo, por repetição.

Como é a aparência dos hábitos dentro do cérebro?

Vias neurais são canais de comunicação no cérebro e essas vias são a "aparência" dos hábitos no mundo físico.

É assim que funciona: quando a via neural de determinado hábito é acionada por um pensamento ou um marco externo, uma descarga elétrica é disparada pela via no cérebro, e aí acontece um impulso ou uma ideia de realizar o comportamento habitual. Por exemplo, se você tomar banho assim que acordar todo dia, vai ter uma via neural associada a esse comportamento. Você vai acordar, os "neurônios de banho" se acionarão, e você vai andar até o chuveiro feito um zumbi — sem necessidade de pensar! Essa é a magia e a maldição dos hábitos, sejam eles bons ou ruins. À medida que um hábito fica mais arraigado, a via neural correspondente fica literalmente mais grossa e forte. Eita!

Quando temos acesso a essa informação, nosso objetivo se torna mais simples e claro. Queremos criar e fortalecer vias neurais específicas através de repetição. Parece fácil quando falamos assim, mas teremos que superar limitações humanas inatas. Muitas estratégias típicas de formação de hábito que vemos por aí não levam em conta essas limitações comprovadas, subestimam a gravidade delas ou oferecem postulados vagos e pouco úteis como "Vai ser difícil; você precisa querer". Sem um plano concreto para lidar com essas limitações, você vai sofrer com o desgaste ou a irregularidade e desistir antes da hora, mesmo se começar "cheio de gás". Dá para perceber que sou um pouco antimotivação? É porque ela não me ajudou durante dez anos, mas ainda vamos chegar a essa parte.

Hábitos são uma questão de vida ou... estresse?

Agora que estamos conversando sobre a importância dos hábitos, considere o estresse.

O mundo atual se move mais rápido do que nunca, e parece que o resultado foi todos nós ficarmos mais estressados. A vida não é perfeita, e é impossível avançar por ela sem algum estresse. A pergunta que ninguém pensa em fazer é: "Como o estresse afeta meus hábitos?".

Já foi comprovado que o estresse amplia comportamentos habituais — para melhor ou para pior! Dois experimentos na Ucla e um na Universidade Duke constataram que o estresse aumentava a tendência de as pessoas adotarem comportamentos habituais. Com base em seu estudo publicado na *Journal of Personality and Social Psychology*,[4] a professora Wendy Wood postula: "As pessoas não conseguem tomar decisões com facilidade quando estão estressadas, têm pouca força de vontade e se sentem assoberbadas. Quando estamos cansados demais para tomar alguma decisão, tendemos a repetir o que costumamos fazer".[5] Isso vale tanto para hábitos bons quanto ruins e é uma noção crucial a respeito da importância deles na nossa vida.

Imagine só por um segundo o que pode acontecer se você se estressar com seus hábitos ruins. É a receita perfeita para uma retroalimentação negativa. Seu estresse ativa um hábito ruim, o que ativa culpa, angústia interna e mais estresse, o que ativa o hábito de novo. Agora imagine o que aconteceria se seus hábitos fossem alívios naturais para o estresse, como exercícios físicos. Nesse caso, seu estresse o levará até a academia, e o exercício ajudará a aliviar a tensão. A diferença de impacto produzido na sua vida é impressionante, já que um deixa você em uma posição positiva para atingir o sucesso apesar das dificuldades da vida, enquanto o outro é uma ameaça constante de lançá-lo em uma espiral de negatividade. Como eu gosto de futebol, fico pensando nas grandes viradas em que um time está prestes a marcar um gol da pequena área, mas o zagueiro rouba a bola e lança um contra-ataque que acaba em gol para o outro time. O outro time não só faz um gol, como também impede o provável gol do adversário! É uma virada dupla. Por causa do estresse, todos os hábitos tendem a ser "viradas duplas".

Além disso, ele também está relacionado à dificuldade de mudar. Com doses maiores de estresse, achamos mais difícil promover uma transformação na nossa vida. Como afirma a professora Wood, "tendemos a repetir o que costumamos fazer". Se o estresse nos faz recorrer aos nossos hábitos, ele também nos faz *abandonar* todo o resto, incluindo aquele comportamento positivo que queríamos transformar em hábito. Você não tem como ver, mas estou sorrindo agora. A fórmula típica de formação de hábitos se desintegra quando ficamos estressados porque nossos hábitos estabelecidos se fortalecem, mas o sistema *Mini-hábitos* não vai deixar você na mão.

Quanto tempo leva para formar um hábito novo?

Depende. Se alguém disser outra coisa, só vai repetir o que ouviu falar (e está errado).

NÃO são 21 nem trinta dias. Pelo amor de Deus, quero estampar isso em tudo que é outdoor! O mito do hábito de 21 dias talvez tenha sido iniciado pelo dr. Maxwell Maltz, um cirurgião plástico. O dr. Maltz supostamente constatou que amputados levam cerca de 21 dias para se acostumar à perda de um membro. Então ele afirmou que as pessoas precisariam de 21 dias para se adaptar a qualquer mudança na vida. Sério, doutor? Eu diria que assimilar a perda de um membro e tentar beber mais água são situações bem diferentes. E acrescentaria que ambos também são muito diferentes de tentar fazer 150 flexões por dia.

O estudo viável mais citado sobre tempo de formação de hábitos foi publicado em 2009 na *European Journal of Social Psychology*.[6] Cada participante escolhia um "comportamento de alimentação, bebida ou atividade para realizar todos os dias no mesmo contexto (por exemplo, 'depois do café da manhã') durante doze semanas". E qual foi a conclusão?

O tempo médio para um comportamento se tornar hábito era de 66 dias. A variação, no entanto, foi grande, de dezoito a 254 dias, demonstrando que o tempo que as pessoas levam para automatizar um hábito é bem distinto, e que em alguns casos pode demorar muito. Desafios de 21 ou trinta dias são comuns, mas é bastante improvável que eles formem muitos tipos de hábitos. A ingestão de um copo d'água por dia poderia entrar na faixa de 21 dias, mas algo mais complicado, como fazer cem abdominais diariamente, pode levar centenas de dias para se transformar em um hábito.

Essa é a notícia ruim. A boa é que os hábitos não são um botão que a gente liga ou desliga — se você fizer cem abdominais durante sessenta dias, o sexagésimo primeiro vai ser muito mais fácil do que o primeiro, mesmo se ainda não for totalmente automático. Criar um hábito é como usar uma bicicleta para subir uma ladeira íngreme que depois fica mais suave, chegar ao topo e começar a descer. No começo, você precisa fazer todas as forças que suas pernas aguentam. Vai ficando mais e mais fácil, mas você precisa continuar pedalando até chegar ao topo da ladeira, senão você vai retroceder e perder o progresso.

Pela minha experiência, o primeiro sinal da formação de um hábito é a redução da resistência, e isso faz todo o sentido. A comunicação interna da nossa mente acontece pelo envio de impulsos elétricos por essas vias neurais, e sabemos que a eletricidade sempre segue o caminho de menos resistência. Como nesse conceito, nosso cérebro prefere realizar hábitos porque eles têm vias estabelecidas e recompensas conhecidas. Comportamentos novos, por outro lado, carecem de comprovação, são arriscados e não têm vias neurais. Então, quando a gente ainda não tem uma via sólida para esse comportamento, precisa contornar manualmente o comportamento típico. Conforme fazemos isso mais vezes, a "via neural recém-nascida" vai começar a crescer e, com o tempo, vai competir com o modo de agir anterior.

Quanto ao processo, não importa o tempo que você leva para formar um hábito, porque o objetivo é fazê-lo para sempre mesmo. Por que fazer exercícios durante seis meses e desistir assim que atingir o objetivo? Não seria desanimador regredir depois disso? O importante é reconhecer os sinais de quando um comportamento se transforma em hábito, e com isso você pode direcionar sua atenção para outra coisa e continuar com o comportamento.

Mais uma observação interessante do estudo de 2009: os pesquisadores concluíram que, em termos de fisiologia, pular um dia não estragava um hábito; um dia não bastava para garantir ou desfazer o processo. Porém, psicologicamente, pular um dia *pode* ser um problema se você permitir. É melhor não pular nenhum dia, mas, se acabar pulando, não se esqueça disso — talvez essa informação não permita que você se desanime e deixe de progredir.

Parte II

Como o cérebro funciona

Eu sou um cérebro, Watson. O resto de mim é um mero apêndice.
Arthur Conan Doyle (Sherlock Holmes)

Nesta parte, tomei a liberdade de dividir o cérebro em apenas duas entidades distintas — o cérebro inconsciente e o consciente. A estrutura do cérebro é *muito* mais complexa, com muitos componentes, mas, para nossos objetivos, essas duas bastam.

Deixe a questão a seguir mergulhar até as profundezas mais profundas da sua mente e se instalar ali para sempre. Nunca esqueça isto:

A repetição é o idioma do cérebro (inconsciente).

(Dica: se você *repetir* isso, não vai esquecer. E essa foi a primeira e última piada sobre cérebros.)

Quando criamos hábitos, o objetivo é transformar o cérebro com repetição. O cérebro, no entanto, resiste a mudanças, a menos que elas proporcionem recompensas generosas. Então, na verdade, são dois os conceitos cruciais para a mudança de hábitos no que diz respeito ao cérebro: repetição e recompensa. O cérebro estará mais disposto a repetir algo quando houver uma recompensa.

Você já dirigiu um carro sem direção hidráulica? É preciso imprimir esforço ao virar o volante até que isso gere uma reação no carro. Nosso cérebro lida com mudanças da mesma forma que um carro sem direção hidráulica. Cada movimento produz um esforço com resultado inicial insignificante, mas, com repetições constantes, essas pequenas alterações podem provocar uma grande mudança em seu cérebro (e em sua vida).

Seu cérebro inconsciente adora eficiência; e é por *isso* que temos hábitos. Quando repetimos um comportamento por um tempo, nosso cérebro aprende a automatizar o processo. É mais eficiente fazer algo de forma automática do que pesar as opções e decidir agir do mesmo modo todas as vezes. Quando você toma uma decisão muito rápido, provavelmente é por hábito, mesmo se achar que está decidindo de maneira ativa. De certa forma, você já tomou essa decisão há algum tempo. Por exemplo, quando escolhe seu sabor preferido de sorvete.

CÉREBROS SÃO ESTÁVEIS E CUSTAM A MUDAR

O cérebro humano é estável, segue rotinas e tem uma estrutura que lhe permite reagir ao mundo de forma consistente. Às vezes é frustrante a lentidão com que o cérebro muda, mas, de modo geral, isso é um grande benefício. Imagine se sua personalidade e sua vida pudessem se transformar da noite para o dia — você enlouqueceria!

Depois que você desenvolve hábitos saudáveis novos, tudo fica mais fácil. Você consegue se levantar, tomar um café da manhã saudável e ir à academia todo dia de forma automática, em vez de travar uma batalha cansativa com seu cérebro. Consegue fazer as coisas certas sem muito esforço. Para muita gente, isso parece um sonho. Essas pessoas só conhecem o lado sombrio da estabilidade: o impulso do cérebro que nos obriga a comer porcaria, ver TV, fumar e roer as unhas. No entanto, o que os hábitos ruins têm de pavorosos, os hábitos bons têm de incríveis.

Sei que hoje o exercício físico é um hábito para mim porque minha identidade se transformou com isso. Seria estranho e incômodo, meio *não sou assim*, se eu não fosse à academia algumas vezes por semana. Porém, no ano passado, minha identidade era a de uma pessoa que fazia *só o suficiente* para manter uma forma razoável. As duas situações foram resultado do hábito. Como 45% do nosso comportamento é automático de qualquer jeito, poderíamos aproveitar para fazer com que isso seja benéfico para nossa vida e nossos objetivos. Para conseguirmos isso de forma inteligente, precisamos compreender os dois principais atores do cérebro.

REPETIDOR BURRO & GERENTE ESPERTO

A maior parte do seu cérebro é burra. Bom, não o seu especificamente — certa parte do cérebro de todos os seres humanos é burra, no sentido de que não pensa em câncer de pulmão enquanto você fuma nem nas vantagens de ter boa musculatura abdominal antes de você se exercitar. O pior é que essa é a parte *forte* do cérebro, que em geral vence no longo prazo. Ela reconhece e repete modelos até segunda ordem. É conhecida como núcleos de base.

No entanto, seu cérebro possui outra parte que é muito esperta. Ela se chama córtex pré-frontal e fica atrás da sua testa. É o "gerente" que compreende benefícios e consequências de longo prazo e, felizmente, tem a capacidade de contornar os núcleos de base. E também lida com o raciocínio de curto prazo e as tomadas de decisão.

Acabamos de apresentar os dois instrumentos cruciais na mudança de hábitos: os núcleos de base e o córtex pré-frontal. Gosto da maneira como o dr. David Nowell distingue o córtex pré-frontal do restante do cérebro. Ele afirma que tudo, exceto o córtex pré-frontal, determina "o que é", e este, por sua vez, lida com "o que poderia ser".

A única forma de criar hábitos é ensinar o restante do cérebro a gostar do que o córtex pré-frontal quer. É ele quem resiste ao bolo de chocolate (se é que é possível), quer aprender francês, entrar em forma e escrever um livro um dia. É a parte consciente do seu cérebro que você identificaria como "você". O problema é que ele se cansa rápido. Como suas funções são muito potentes, talvez seja mais correto dizer que ele consome tanta energia que deixa *você* cansado. E, quando você se cansa (ou se estressa, como já vimos), a parte repetitiva assume o comando.

Os núcleos de base não são conscientes nem sabem de objetivos superiores que são exclusividade dos seres humanos, mas *são* um repetidor de modelos eficiente que nos ajuda a poupar energia. Então, embora eles talvez não sejam "inteligentes" como o córtex pré-frontal, são uma parte incrivelmente importante do cérebro. E quando treinarmos os núcleos de base para realizar comportamentos positivos de modo automático, vamos adorá-los.

É com esse sistema que todo mundo precisa lidar. À primeira vista, parece um projeto malfeito, já que o córtex pré-frontal esperto tem menos vigor que os núcleos de base que só repetem sem pensar, mas na verdade é genial quando a gente aprende a usar. Como fracotes inteligentes conseguem vencer adversários fortes e burros? Vou dar uma dica — não é com força bruta. Você com certeza já sabe disso, talvez porque deve estar relembrando agora as tentativas fracassadas da sua mente consciente de controlar a inconsciente com força bruta ou força de vontade. A resposta, claro, é aplicar *estratégias inteligentes* para superar as fraquezas naturais do córtex pré-frontal.

O CÓRTEX PRÉ-FRONTAL – SUA DEFESA CONTRA O COMPORTAMENTO AUTOMÁTICO

Para compreendermos melhor o córtex pré-frontal, vamos analisar o que acontece quando ele não existe. Como o cérebro funciona sem isso? Nada bem. O estudo que vou citar demonstra o que o córtex pré-frontal faz e também o que o resto do cérebro faz. Quando removemos algum elemento, dá para ver o impacto que sua ausência causa e também o funcionamento das outras partes sem a influência dele.

François Lhermitte foi um neurologista francês que examinava pacientes com lobo frontal danificado. Com o estudo que vou tratar a seguir, ele identificou sinais de que o funcionamento do cérebro muda drasticamente sem o "gerente", o córtex pré-frontal (que faz parte do lobo frontal).[1]

O estudo de Lhermitte tem dois grupos de interesse – pessoas com lobo frontal danificado e pessoas com lobo frontal saudável. No experimento, os indivíduos se sentavam diante de um examinador e faziam perguntas como se estivessem em uma entrevista. O examinador é encarregado de demonstrar indiferença ao entrevistador, negando-se a responder e às vezes fazendo gestos aleatórios e intrigantes. Ele apertava o nariz, batia continência, dobrava papel e guardava dentro de um envelope, mastigava papel, cantava, batia na perna, gemia etc. (Rá! Ciência é legal, hilária!) Eis o que eles constataram.

Pessoas com lobo saudável, como seria de esperar, achavam estranho esse comportamento. Em termos rigorosamente científicos, a reação delas era: "Qual é o problema desse cara?". Muitos participantes mais jovens davam risada. E, quando lhes perguntavam se eles pensavam em imitar o examinador, diziam: "Não, de jeito nenhum".[2]

Mas agora vem a parte mais interessante. Quase todas as pessoas com lobo frontal danificado *imitavam* os gestos absurdos do examinador — não só sem cometer erros, mas com absoluta precisão. Por exemplo, os homens urinavam deliberadamente na parede na frente de outras pessoas sem qualquer sinal de surpresa ou receio. Quando não tinham condições de imitar exatamente o gesto (como quando não tinham papel para dobrar ou mastigar), as pessoas davam algum jeito de compensar "perfeitamente".[3]

Segundo o estudo: "Quando entrevistados após um exame, todos os pacientes [com lobo danificado] se lembravam dos gestos do examinador e, quando indagados quanto ao motivo da imitação, responderam que se sentiram na obrigação de reproduzir o gesto do examinador. Quando lhes disseram que eles não haviam recebido a instrução de imitar os gestos, a resposta foi que, como os gestos haviam sido feitos, era óbvio que deviam ser imitados. Quando lhes disseram que não deviam imitar, a maioria dos pacientes exibiu o mesmo CI (comportamento de imitação)".[4]

As pessoas com lobo frontal danificado não conseguiam deixar de imitar o examinador (mesmo quando lhes era pedido para não fazer isso). Aparentemente, danos no lobo frontal fazem as pessoas perderem a capacidade de tomar decisões para "contornar" o inconsciente. O inconsciente é quase uma entidade à parte, uma máquina. Outro fato interessante foi que os participantes normais esqueceram alguns gestos do examinador, mas os que tinham lobo frontal danificado se lembraram de *todos*. Isso sugere que um lobo frontal saudável (que, repito, contém o essencial córtex pré-frontal) desvia parte da nossa atenção do reconhecimento inconsciente de modelos e é capaz de inibir ou iniciar comportamentos. É por isso que o chamamos de "gerente". Ele administra operações automáticas e intervém quando vê algo que pode ser aprimorado. Agora o outro lado — o que acontece quando são os núcleos de base que não funcionam direito?

OS NÚCLEOS DE BASE — SEU DETECTOR DE PADRÕES

Tecnicamente, os núcleos de base do seu cérebro são um grupo de elementos que atuam como uma só unidade e desempenham uma função central na formação de hábitos e no aprendizado de processos.

No entanto, estudos também indicam que os diversos sistemas do cérebro interagem uns com os outros de forma complexa, e os núcleos de base não podem ser isolados como "a parte dos hábitos no cérebro".[5] A neurociência pode ser útil, mas não consegue proporcionar uma explicação completa de como *exatamente* o cérebro funciona. Isso não significa que é uma ciência enganosa ou errada, e sim que é um pequeno vislumbre em um grande mistério. Os mecanismos do cérebro são tão intricados e complexos que a ciência moderna ainda precisa aprender muito. Dito isso, é útil saber que os núcleos de base são os principais atores responsáveis pela formação de hábitos. Nosso conhecimento limitado sobre o funcionamento do cérebro, quando combinado a experiência, experimentos e bom senso, é um aliado poderoso para o crescimento pessoal.

O estudo de Lhermitte com pessoas que sofrem algum distúrbio ou dano no lobo frontal nos demonstrou a importância da função executiva do cérebro, que pode nos impedir de realizar ações indesejáveis de forma automática. Porém, o que acontece quando o dano ou a disfunção está nos núcleos de base? Também existe um estudo sobre isso. Ele sugere que núcleos de base danificados ou disfuncionais nos fazem perder a capacidade de ter qualquer hábito.[6]

Pesquisadores reuniram pessoas de três categorias — saudáveis, pacientes com doença de Parkinson e pacientes com problemas de memória. Os pacientes com doença de Parkinson são aqueles cujos núcleos de base não conseguem receber o neurotransmissor dopamina por causa de células mortas. Isso produz uma disfunção nos núcleos de base.

Os participantes receberam quatro cartões ilustrados com formas aleatórias e a instrução de prever se cada cartão representava chuva ou sol. Seria muito difícil estabelecer de forma consciente relações entre os cartões e os resultados, mas era possível detectar um padrão sutil de forma inconsciente. Foram cinquenta testes, e, depois de uns dez, tanto os participantes saudáveis quanto os com problemas de memória conseguiram melhorar gradualmente o percentual de acertos de 50% para 65%-70%; o inconsciente deles identificou os padrões que sugeriam chuva ou sol. Contudo, os participantes com doença de Parkinson não passaram de 50%. Sem núcleos de base saudáveis, o cérebro deles não conseguia detectar os padrões (e, portanto, era difícil para eles desenvolver hábitos novos).

A partir desses estudos, podemos compreender que o cérebro é, simplificando ao extremo, um sistema duplo de decisões executivas e reconhecimento de padrões para comportamentos automáticos. As funções de gestão do córtex pré-frontal podem ser dinâmicas e reativas, mas consomem muita energia (e força de vontade). As funções automáticas dos núcleos de base são eficazes e eficientes. Eles poupam energia e cuidam das atividades que não precisam de monitoramento constante.

Isso leva à próxima questão importante — como podemos nos obrigar a agir de forma consistente com esses dois elementos do cérebro?

Antes de um comportamento se tornar hábito, dois aspectos nos fazem agir: motivação e força de vontade. Antes de ler a próxima parte, dê adeus à motivação, porque você não vai precisar mais dela.

Parte III

Motivação versus Força de vontade

As emoções servem ou dominam, dependendo de quem está no comando.
Jim Rohn

Estou prestes a escorraçar a motivação como estratégia inicial, mas motivação e força de vontade não são estratégias tão incompatíveis assim. Elas têm uma relação importante, conforme o gráfico a seguir demonstra. A premissa básica desta parte NÃO é que motivação é algo ruim, e sim que ela é uma *estratégia incerta* para transformações duradouras.

Agora, antes que você me interrompa para perguntar "Ei, cadê os mini-hábitos?", espere só um instante para eu explicar. Criei um gráfico simples para ilustrar a relação entre força de vontade e motivação.

Explicação do gráfico: motivação é o eixo horizontal, e custo de força de vontade é o eixo vertical. Quando a motivação está no ponto máximo (canto inferior direito), o custo de força de vontade é zero ou insignificante. Isso acontece porque você não precisa se obrigar a fazer algo que já quer muito fazer. Mas quando a motivação cai para zero, uma resistência interna forte produz um alto "custo" de força de vontade (canto superior esquerdo: o custo de força de vontade é cem e a motivação é zero).

Veremos mais dessa relação na parte sobre força de vontade, mas por enquanto o que você precisa saber é que, quando não está com motivação para fazer algo, o "custo de força de vontade" dispara. E quando o custo de força de vontade é alto, é difícil manter certo comportamento por muito tempo (e transformá-lo em hábito).

Agora, vamos dar uma boa olhada no "motive-se", que domina a literatura de autoajuda, apesar de ser completamente inadequado no longo prazo.

OS MUITOS PROBLEMAS DE SE "MOTIVAR"

Motivar-se funciona? A resposta é um enlouquecedor *às vezes*. Em alguns momentos, você vai conseguir reunir motivação para fazer exercícios ou escrever 2 mil palavras, mas, em outros, vai acabar tirando um cochilo, vendo TV ou bebendo uma cerveja. Isso é um problema enorme, porque...

Se sua estratégia é se motivar, você não consegue criar hábitos.

A gente sabe que hábitos exigem repetição contínua. No estudo citado na Parte II, foi só na décima tentativa que o cérebro dos participantes identificou o padrão, e demora muito mais para reconhecer comportamentos.

Não me leve a mal. A motivação é um sentimento importante, com muitos benefícios. Mas considere-a um bônus, algo que é bom quando acontece. Sei que algumas pessoas contam com a motivação, então o objetivo desta parte é convencê-lo a parar com isso. Realmente quero que você abandone esse conceito para seu próprio bem, e aqui vão os motivos.

A motivação não é confiável

A motivação não é confiável porque se baseia na maneira como você se sente, e já sabemos há séculos que as emoções humanas são fluidas e imprevisíveis. Elas podem ser alteradas por muitos fatores: algum acontecimento, índice de glicose no sangue, depressão, flutuações químicas, hormônios, saúde, estímulos externos, níveis de energia, crenças, vômito de gato. Em outras palavras, *qualquer coisa* pode alterar suas emoções. Você quer mesmo depositar suas esperanças em algo tão... volátil? A regra nº 1 de qualquer fundação é que ela precisa ser sólida. A motivação é como construir uma casa em cima de um líquido. (Não se atreva a falar de casas flutuantes — vai estragar a analogia toda.)

Todo mundo passa por dias "fracos" quando está um pouco sem energia. Isso significa que sua motivação para fazer algo produtivo também cai. Essa estratégia nos obriga a recorrer a coisas como vídeos motivacionais, artigos, discursos de autoinspiração e outros impulsos de curto prazo.

E pense no seguinte: com uma estratégia de "se motivar", você não só precisa *ter* motivação para fazer algo, como também precisa *estar mais* motivado para esse algo que para outras coisas. Então, para fazer exercícios físicos, você teria que querer fazer exercícios mais do que comer batata frita e ver TV. E você só vai conseguir *às vezes*.

As atividades que são benéficas para nós (comer brócolis crus, correr doze quilômetros e depois comer mais brócolis) não são o tipo de coisa fácil de se motivar a fazer. Para as recompensas de curto prazo dos brócolis crus e dos exercícios físicos, é *muito difícil* competir com filme e sorvete no sofá. Minha motivação para fazer essa última ainda é alta.

Nem sempre você quer se motivar

A teoria motivacional de crescimento é a seguinte: se eu quero fazer algo, não preciso me obrigar a fazê-lo (usar a força de vontade)! É verdade. Quando você tem motivação, é fácil fazer as coisas, e não demanda muita, ou nenhuma, força de vontade. Lembra o gráfico do começo desta parte? Quando você está cheio de motivação, o custo de força de vontade é zero. Essa pode parecer a melhor opção, a princípio, e ainda mais quando consideramos que a força de vontade é um recurso limitado (vamos tratar disso mais tarde). Assim, a motivação é, teoricamente, muito desejável, mas, como diz o ditado, "toda rosa tem espinhos", que furam seu dedo e fazem você soltar um palavrão na frente do seu sobrinho.

O problema é que não é fácil (e às vezes é praticamente impossível) cultivar motivação sob demanda. É só olhar sua própria experiência de vida para confirmar isso. É fácil se motivar quando você está cansado, doente, com dor de cabeça ou algum mal-estar, ou quando prefere fazer algo mais divertido? Essa ideia de mudar seus desejos só se concentrando nos benefícios subestima muito o poder e a influência das nossas emoções. *É difícil mudar seus sentimentos só de pensar.* Só conseguimos nos motivar quando temos bastante energia, uma mentalidade saudável e nenhuma tentação muito forte. Mas se o cenário parecer menos favorável quando chegar a hora de agir, vamos deixar para "fazer amanhã".

Pouco tempo atrás, quando eu estava cansado ou ficava com dor de cabeça, nenhum bordão ou pensamento motivacional me fazia trabalhar neste livro. *Eu também não queria me motivar.* Queria dormir! Felizmente, eu não dependia de motivação.

Ao longo da vida, vai haver momentos em que você não se sentirá motivado a se motivar. Ou seja, você... vamos lá, com calma... não vai querer querer querer fazer exercícios. (Isso mesmo, foram três "quereres" seguidos!) Isso dá uma ideia da distância que existe entre a ação e o pensamento com base em motivação. Em vez de fazer algo logo de uma vez, você precisa querer e, às vezes, tem que juntar motivação só para querer se motivar. É maluquice mesmo. Se não quiser se motivar, e a motivação é sua estratégia para fazer as coisas, você já perdeu a batalha antes de começar. E seus hábitos vão morrer jovens.

Algumas pessoas estão habituadas a pensar que motivação é a única base para agir

Como o discurso persistente dos escritores de livros de autoajuda estabeleceu que a motivação é O ÚNICO caminho para se obrigar a agir, poucas pessoas questionam isso. É o protocolo básico. Sites motivacionais se proliferam e crescem com as visitas de gente que busca sua "dose de motivação". Admito que a estratégia de se motivar é melhor do que nada, mas não é difícil superar o nada.

O efeito desejado de atividades físicas, por exemplo, tem três causas possíveis: motivação, força de vontade ou hábito. Embora todo ato seja uma combinação de motivação e força de vontade, costumamos contar mais com uma ou outra. E existe ainda o híbrido esquisito de a gente tentar se motivar enquanto diz para si mesmo que precisa fazer de qualquer jeito (isso normalmente acontece quando a batalha já está perdida).

Um hábito destrutivo é acreditar que temos que ter motivação para agir. Não é um problema quando a gente *gostaria de ter motivação*, mas sim quando você *não consegue fazer nada sem motivação*. É a maneira perfeita de entrar em uma espiral de preguiça. Quando somos preguiçosos, nos sentimos preguiçosos, e, se você adota essa regra da motivação e sempre se sente com preguiça, vai continuar com preguiça. Não há saída!

Essa ideia de que a motivação precede a ação pode ficar muito arraigada na nossa mente. Mas não existe nenhuma regra que diga que nossos sentimentos e atos precisem combinar sempre. Isso cria uma vida restritiva e frustrante.

A motivação conduz ao fracasso pela lei do entusiasmo decrescente

Certo, digamos que você consiga se motivar para ler durante duas horas por dia. E digamos que você consiga fazer isso por três semanas seguidas. A essa altura, é provável que esse seu comportamento comece a formar um hábito muito fraco. Mas, como você vem dependendo de motivação, é possível que esse período de transição crucial ponha um fim ao seu progresso.

A "lei do entusiasmo decrescente" não é uma lei de verdade, só um termo que inventei porque é mais descritivo do que o princípio econômico correspondente: a "lei da utilidade marginal decrescente". Segundo essa lei da economia, o seu prazer com a quinta fatia de pizza vai ser ligeiramente menor que com a quarta fatia, e o prazer com a quarta vai ser menor que o com a terceira. Quando falamos de repetição de comportamento, é a mesma coisa.

Conforme o comportamento inicia a transição para se tornar hábito, ele fica menos suscetível a emoções. Vai até começar a parecer chato e mundano. Pode acreditar. Jeremy Dean, no livro *Making Habits, Breaking Habits* [Formando hábitos, quebrando hábitos], diz o seguinte: "Um hábito não evita só o radar da cognição; ele também evita o da emoção. [...] O ato de realizar hábitos é curiosamente desprovido de emoção".[1] A dra. Wood e seus colegas perceberam essa ocorrência em um estudo que fizeram na Universidade Texas A&M. Quando os participantes realizavam um comportamento habitual, a ação era decididamente menos emocional.[2] É por isso que a ideia de que é preciso ter motivação para agir atrapalha a formação de hábitos. A repetição não aumenta nossa empolgação para fazer as coisas, só diminui; o que os hábitos proporcionam são as vantagens de menos resistência e mais automaticidade. Segundo Dean, "o fato de que comportamentos habituais não produzem emoções fortes é um de seus benefícios".[3] É verdade, porque tudo que depende de emoções humanas não é nem um pouco confiável.

A empolgação inicial é um aliado quando começamos algo, mas se torna um inimigo formidável quando desaparece e nos faz pensar se existe alguma coisa errada. No entanto, você vai reduzir muito esse risco se não depender da motivação e das emoções.

É ótimo ter entusiasmo, mas vamos encarar essa mentalidade como um bônus, não a condição para agir. É melhor fazer algo porque você decide fazer, uma fundação sólida que não está sujeita a grandes flutuações. Por incrível que pareça, a falta de entusiasmo depois de um tempo é um *sinal positivo* de que o controle está passando para os núcleos de base, mais estáveis e automatizados.

Essa redução previsível do entusiasmo é um dos motivos por que a gente vê tanta gente abandonar depois de janeiro os planos de entrar para a academia. Apesar do sucesso com os exercícios, elas percebem que *a motivação acabou* e param de ir. Se compreendessem por que deixaram de sentir motivação, talvez isso servisse de incentivo para continuar.

Como estratégia principal, a motivação poderia dar para o gasto ao longo da vida (talvez), mas é uma opção ruim em comparação com a força de vontade. Embora a força de vontade seja a melhor estratégia, muita gente não sabe usá-la e acaba exaurindo muito rápido suas reservas.

Apesar de tudo o que acabei de dizer, não se preocupe; você ainda pode gostar muito das suas rotinas. Você sempre será um ser humano com sentimentos e emoções! Não estou pedindo a ninguém que pare de sentir. Só estou pedindo que você nunca mais deixe seus sentimentos atrapalharem.

POR QUE FORÇA DE VONTADE É MELHOR QUE MOTIVAÇÃO

Agora que esculachei a motivação, vou explicar como você pode obter mais dela. Contradição? Não, não é por achar que motivação é ruim que eu não gosto dela. Por exemplo, preciso de um nível básico de motivação para escrever estas palavras. Mas a motivação, mesmo sem culpa, foi exibida por todos os cantos como a solução para o crescimento pessoal. É como se eu dissesse que cenouras são a cura do câncer. Cenouras fazem bem para a saúde, mas dificilmente curariam o câncer de alguém. Então agora essa coisa boa (a cenoura) se transformou em inimigo da verdade e está enganando as pessoas. Nesse sentido, a motivação é uma cenoura do mal.

A estratégia *Mini-hábitos* de força de vontade é muito favorável à motivação, que, repito, é boa, mas nada confiável. Percebi que quando usamos a força de vontade, a motivação se torna mais confiável e chega rápido quando agimos antes. São três os motivos por que se obrigar a agir com a força de vontade é muito melhor do que tentar se motivar.

A força de vontade é confiável

Ao contrário de técnicas baseadas em motivação, a força de vontade é extremamente confiável. Se você se obriga a fazer algo custe o que custar, dá para garantir que vai ser feito. É claro que isso só vale se você conseguir se obrigar a fazer esse algo. E, por acaso, estas duas próximas vantagens da força de vontade vão deixá-la mais confiável ainda.

A força de vontade pode ser fortalecida

Ao contrário da motivação, a força de vontade pode ser tonificada feito um músculo. O professor Roy Baumeister, importante pesquisador de autocontrole, concluiu em 1999 que estudantes que exercitavam a força de vontade durante duas semanas para aprimorar a postura "exibiam uma melhora significativa em avaliações subsequentes de autocontrole" em comparação com os que não haviam trabalhado na postura.[4] Outro estudo revelou que um programa de dois meses de exercícios aeróbicos resultou em melhora em outras atividades de autocontrole.[5]

Isso é um tesouro de autoaprimoramento. Esses estudos sugerem que podemos fortalecer nossa própria capacidade de nos aprimorarmos!

Mas se alguma coisa não funciona nem na primeira vez nem nunca, você vai ficar andando em círculos se insistir nas tentativas. A motivação funciona às vezes, então é complicado avaliar. Porém, se você reparar nos resultados de longo prazo com a motivação, pode acabar vendo que ela não funciona de maneira *contínua*. A motivação não é algo fácil de aprimorar, porque, quando seu cachorro morre, seu ânimo dá uma caída; quando você está cansado ou de mau humor, não tem vontade de fazer exercícios. Porém, você pode melhorar sua capacidade de agir *apesar* de sentir resistência em função de traumas emocionais, falta de confiança, mau humor ou pouca energia. Isso é força de vontade.

Estratégias de força de vontade cabem em cronogramas

Se você depender de motivação, vai ser difícil seguir cronogramas. Quando for a hora de escrever, quem sabe se você vai ter motivação? Ela é imprevisível e incompatível com calendários.

Mas, se usar a força de vontade, você pode programar uma atividade e fazê-la mesmo se não tiver motivação na hora. Isso permite continuidade, que é compatível tanto com hábitos quanto com calendários. Hábitos não surgem a partir de um plano vago de escrever na hora que dá ou fazer exercícios quando os astros se alinham. Você precisa inserir a atividade no seu calendário e fazê-la, e isso demanda força de vontade.

A pergunta que não quer calar é: como podemos obter um sucesso constante usando a força de vontade? Para responder, vamos começar fazendo um resumo do que a ciência nos diz sobre a força de vontade.

COMO A FORÇA DE VONTADE FUNCIONA

Antigamente, acreditava-se que a força de vontade consistia em uma fonte ilimitada de... bom... vontade. A ideia era que, se a gente quisesse algo o bastante, sempre teria força de vontade suficiente para se obrigar a obter esse algo. Essa concepção mudou quando Baumeister realizou um estudo relativamente cruel em 1996.[6] Começou com 67 pessoas dentro de uma sala, que logo era saturada do aroma tentador de biscoitos de chocolate fresquinhos. E então os biscoitos e outras guloseimas de chocolate eram trazidas para a sala. A reviravolta cruel foi a seguinte: só alguns dos participantes puderam comer guloseimas de chocolate. As outras, coitadas, recebiam só *rabanetes*! Até eu, que adoro lanchar rabanetes crus, sinto a dor dessas pessoas.

Os cientistas do estudo chegaram à divertida constatação de que uma boa quantidade de comedores de rabanete parecia "exibir nítido interesse pelos chocolates, a ponto de lançar olhares sofridos para a caixa de chocolates e, em alguns casos, até pegar os biscoitos para cheirar". Como eu disse, cruel.

Depois, tanto os participantes que comeram chocolate quanto os dos rabanetes receberam um quebra-cabeça. Os que comeram rabanetes passaram menos da metade do tempo dos outros tentando resolver o quebra-cabeça e fizeram menos tentativas antes de desistir. Parece que o fato de terem comido rabanete em vez de chocolate esvaziou a vontade deles de continuar se esforçando com o quebra-cabeça. Baumeister batizou esse fenômeno de "esgotamento de ego". Desde então, dezenas de outros estudos confirmaram o resultado dessa pesquisa revolucionária.

Decisões também esvaziam a força de vontade!

A culpa não é dos rabanetes. Um estudo sobre autocontrole constatou que as pessoas que precisaram tomar uma decisão difícil tinham mais chance de ceder a alguma tentação depois, exibindo uma redução do autocontrole.[7] Parece que decisões importantes acessam o mesmo estoque de energia que a nossa força de vontade. Imagino que qualquer coisa que use o córtex pré-frontal pode ter esse efeito, porque ele é o responsável pela memória de curto prazo e pelo raciocínio atual. Mas não seria de pensar que uma decisão difícil é capaz de afetar negativamente nossa capacidade de resistir ao sorvete ou nos obrigar a fazer exercícios físicos mais tarde.

O que isso significa é: temos que maximizar nossas reservas de autocontrole para podermos mudar a nós mesmos. Incluí isso só para mostrar como nossas reservas de força de vontade podem ser prejudicadas por outras coisas, de modo que a filosofia por trás dos mini-hábitos é mais importante ainda.

Uma meta-análise importante da força de vontade

Meta-análise é um "estudo sobre estudos" que tenta extrair conclusões importantes a partir do conjunto de obras referentes a determinado assunto. Isso ajuda a atenuar possíveis aberrações em estudos específicos. Se algo se sustenta depois de dezenas de estudos bem realizados e milhares de participantes, é muito alta a probabilidade de que os dados sejam confiáveis, esclarecedores e úteis.

Em 2010, houve uma meta-análise de 83 estudos sobre esgotamento de ego.[8] Na prática, esgotamento de ego é o mesmo que esgotamento de força de vontade ou autocontrole, então vou tratar esses termos como sinônimos. A partir dessa meta-análise, constatou-se que os cinco principais fatores causadores de esgotamento de ego eram esforço, dificuldade percebida, afeto negativo, fadiga subjetiva e índice de glicose no sangue. Portanto, esses fatores são os cinco maiores obstáculos que nos impedem de obter sucesso contínuo com uma estratégia baseada em força de vontade. O que fazemos depois de esgotar nossa força de vontade? Tudo está perdido? Segundo a análise, incentivos motivacionais, exercícios de autocontrole e suplementos de glicose promoviam mais autocontrole em pessoas com ego esgotado.

Isso nos fornece uma grande quantidade de informações sobre a melhor maneira de administrar a força de vontade. Aqui vai uma importante recapitulação sobre motivação e força de vontade a fim de nos preparar para a próxima parte da estratégia *Mini-hábitos* de modo a acrescentar hábitos saudáveis à nossa vida:

— Comportamentos novos (ou não habituais) são iniciados com motivação ou força de vontade.

— A motivação não é confiável, então não pode servir de estratégia para a formação de hábitos.

— A força de vontade é confiável, mas só se você não ficar sem.

— Existem cinco causas principais para o esgotamento da força de vontade: esforço, dificuldade percebida, afeto negativo, fadiga subjetiva e índice de glicose no sangue.

— Se conseguirmos superar esses cinco obstáculos, provavelmente teremos sucesso.

Na próxima parte, vamos ver como os mini-hábitos se encaixam em tudo o que falamos até aqui, começando por essas cinco principais causas do esgotamento de força de vontade.

Parte IV
A estratégia dos mini-hábitos

Não é o que fazemos de vez em quando que molda nossa vida, e sim o que fazemos sistematicamente.
Anthony Robbins

A estratégia *Mini-hábitos* consiste em você se obrigar a realizar de uma a quatro ações estratégicas "ridiculamente pequenas" todos os dias. Essas ações são pequenas demais para dar errado e pequenas demais para ser ignoradas em ocasiões especiais. Elas cumprem dois propósitos: servem de incentivo para você fazer mais e se transformam em (mini-) hábitos.

Agora vamos observar como a estratégia *Mini-hábitos* aplica de modo geral os princípios que aprendemos até aqui. O passo a passo *específico* da estratégia *Mini-hábitos* vai vir daqui a duas partes.

USE A FORÇA DE VONTADE À MODA DOS MINI-HÁBITOS

Um estudo sobre esgotamento de ego apontou correlação entre a crença de que a força de vontade é limitada e a limitação da força de vontade.[1] Os participantes que não acreditavam que havia limite para a força de vontade pareciam resistir por mais tempo a atividades que esgotam o ego. A princípio, isso parece um golpe contra a ideia dos mini-hábitos, porque eles são pensados a partir da premissa de que a força de vontade é limitada (como foi demonstrado pela meta-análise). Mas permita-me explicar por que mini-hábitos são seguros em qualquer situação.

Se a força de vontade for mesmo limitada, os mini-hábitos a preservam por começarem pequenos. Mas e se a força de vontade só for limitada por acreditarmos que ela o é? O que isso representaria para os mini-hábitos? Uma notícia excelente! Você vai acreditar que tem força de vontade ilimitada com os mini-hábitos porque eles quase não *demandam* força de vontade. Então, caso você esteja estourando de força de vontade, os mini-hábitos vão ajudá-lo a começar e permitir que você faça bastante progresso extra. E, caso você fique totalmente exausto e sem força de vontade, os mini-hábitos vão ajudá-lo a começar mesmo assim e permitir que você tire o máximo de proveito da sua capacidade no momento. A crença de que você pode agir de qualquer jeito faz parte dessa teoria, e ela nunca me deixou na mão. Nunca minha força de vontade foi insuficiente para completar um mini-hábito.

Agora, quero destacar mais uma vez as cinco causas principais do esgotamento de ego apontadas pela meta-análise dos 83 estudos que citei antes. Os cinco maiores consumidores de ego são (sem qualquer ordem especial):

— esforço;
— dificuldade percebida;
— afeto negativo;
— fadiga subjetiva;
— índice de glicose no sangue.

Vamos examinar como todas essas cinco ameaças para a força de vontade podem ser completamente neutralizadas, ou quase, pelos mini-hábitos.

Esforço

Os mini-hábitos demandam muito pouco esforço de fato. Você vai fazer uma flexão, escrever cinquenta palavras, ler duas páginas ou realizar outras atividades muito fáceis. O esforço extra subsequente para ir além do requisito básico varia, o que significa que alguns dias vão ser mais produtivos que outros. Isso é uma estrutura natural que reduz muito a chance de esgotamento. Foram muitas as vezes em que planejei escrever cinquenta palavras e acabei escrevendo 2 mil. Em outras, deixei minha escrita parar mais perto de cinquenta palavras só para bater a meta.

O sistema *Mini-hábitos* é ao mesmo tempo rígido e flexível em pontos estratégicos. É rígido no início, obrigando você a começar, mas depois é flexível, permitindo que você decida quanto a mais quer fazer. O esforço inicial praticamente não exige força de vontade.

Resultado com mini-hábitos: muito pouco esgotamento de ego.

Dificuldade percebida

A dificuldade percebida dos mini-hábitos é quase zero por definição, um benefício primário que se acumula quando você faz a mais. Lembra quando falei do tamanho da "montanha" que trinta minutos de exercícios físicos eram para mim? Aqueles exercícios tinham uma *dificuldade percebida muito alta* — minha percepção da dificuldade era maior do que a dificuldade de fato. Mas quando decidi começar com uma flexão e continuei assim, a dificuldade percebida caiu consideravelmente. O estabelecimento de miniobjetivos é a melhor forma de reduzir a dificuldade percebida de qualquer projeto.

Quando você começa e tem espaço para continuar, sua dificuldade percebida vai ser muito menor graças ao impacto psicológico por já ter começado. Assim como na física, a inércia maior acontece antes do início do movimento. Quando você está em movimento, tudo fica mais fácil graças ao embalo (e ao aumento de motivação).

O movimento de começar, mesmo que seja devagar, também traz a sua mente para a realidade, e isso é importante. Antes de você agir, sua mente só consegue vislumbrar como seria determinado comportamento. Minha projeção inicial para os trinta minutos de exercícios era comparável a escalar o Everest. Estava errada. No que diz respeito a atividades que exigem esforço físico ou mental, *é extremamente comum* superestimarmos a dificuldade delas. Ao concluir meus trinta minutos de exercícios depois de começar à força com uma flexão, entendi o absurdo da minha dificuldade percebida inicial.

Resultado com mini-hábitos: muito pouco esgotamento de ego (mesmo se você continuar para além da meta original). O começo é o mais difícil porque suporta a maior parte do peso do compromisso. Depois que começamos, sentimos a necessidade de completar nossa intenção original para contar um sucesso. É por isso que tendemos a não começar um projeto que nos intimida. Preferimos não começar se não vamos terminar. É por isso que mini-hábitos são tão fáceis. A intenção total é tão pequena que não existe o risco de desistir rápido demais. Quando você começa devagar e mergulha na realidade do ato, sua mente percebe que um passo pequeno não é tão difícil quanto parecia antes e que o passo seguinte também não é difícil.

Afeto negativo

Afeto negativo nada mais é que a experiência de sensações desagradáveis; ele claramente teve um papel no estudo dos chocolates e rabanetes. Os participantes foram tentados com a imagem e o cheiro do chocolate e receberam os rabanetes, menos apetitosos. Passar pela tentação do chocolate e acabar não podendo sequer provar foi uma experiência muito negativa, talvez pior do que imaginamos (já pensou se alguém lhe oferecesse biscoitos e depois se recusasse a dar? Argh!). Como os mini-hábitos pretendem *acrescentar* coisas boas, o afeto negativo é menos relevante, a menos que sua ação substitua diretamente algum prazer. Por exemplo, só o ato de comer rabanetes não vai esgotar a força de vontade, mas, quando contraposto à delícia do chocolate, pode apostar que esgota!

Resultado com mini-hábitos: não costuma haver esgotamento de ego. Ainda que você esteja substituindo um prazer por um mini-hábito, o compromisso é tão pequeno que você não vai sentir nenhum afeto negativo por causa disso. O mais comum é que você ponha comportamentos benéficos no lugar de comportamentos que o fazem perder tempo, o que produz uma sensação positiva.

Fadiga subjetiva

Essa é interessante, não é? Não está escrito fadiga; é *fadiga subjetiva*, o que sugere que nossa avaliação sobre nossa própria fadiga não é completamente objetiva. Na verdade, a força de vontade é uma batalha dentro da mente, e, segundo alguns desses grandes consumidores de força de vontade, parece que a batalha é entre sua percepção de força e a tarefa em questão.

Felizmente, os mini-hábitos têm uma porção minúscula de fadiga subjetiva. A fadiga subjetiva depende de muitos fatores, e um importante é a maneira como você se vê em relação ao seu objetivo. Percebi que minha fadiga subjetiva se agrava quando meu objetivo é grande. Faz sentido, já que a mente "prevê" o trabalho iminente e talvez sinta o impacto antes da hora. Um estudo recente revelou que nossa imaginação é tão poderosa que é capaz de alterar o que enxergamos e ouvimos fisicamente no mundo real,[2] então não é nenhuma forçação de barra supor que uma carga de trabalho pesada pode afetar também nossos níveis de energia. Essa ideia é amparada também pelos pesquisadores da meta-análise, que observaram que "a expectativa de mais atos de autocontrole exacerbou o efeito [do esgotamento de ego]".[3] Reparei que, quando meu objetivo passou a ser só uma flexão, minha fadiga subjetiva encolheu. Na verdade, eu sentia que tinha *muita* energia para fazer uma única flexão, e a noção de que eu podia fazer *algo*, por menor que fosse, com tanta facilidade, foi revigorante.

Resultado com mini-hábitos: nada pode eliminar por inteiro a fadiga subjetiva, mas os mini-hábitos a atenuam bastante. Em relação aos seus miniobjetivos, você talvez perceba uma sensação de poder e energia. Mesmo quando estava exausto (subjetivamente), eu ainda me sentia com energia suficiente para ler duas páginas ou escrever cinquenta palavras. Se você está se perguntando de que vale "fazer só isso", vale muito, e vamos falar disso mais tarde.

Índice de glicose no sangue

A glicose (açúcar) é a principal fonte de energia do seu corpo. Se seu sangue estiver com um índice baixo de glicose, você vai se sentir muito cansado. Se estiver perigosamente baixo, você pode até desmaiar. Seu índice de glicose no sangue é determinado pela genética, pela dieta e pelo estilo de vida.

Quanto aos mini-hábitos, eles não dependem do índice de glicose, mas podem ajudar a *preservá-lo* por serem a maneira mais eficiente de gastar sua energia de força de vontade. Em termos de energia mental, é muito mais eficiente dividir algo em componentes menores que podem ser "digeridos pela mente" com facilidade e menos estresse. O objetivo de perder cinquenta quilos em um ano é um fardo e um desgaste energético constante. E, com esse objetivo, é possível perder 25 quilos e se sentir um fracasso. Por que alguém teria interesse em fazer isso? Uma sessão de exercícios físicos parece uma coisa à toa, e realmente é no contexto do seu objetivo enorme. É difícil se sentir bem depois de fazer exercícios, quando isso não significa quase nada em comparação com o objetivo. Porém, com os mini-hábitos, a força de vontade é preservada o máximo possível, cada passo que você dá parece um sucesso, e superar o objetivo parece melhor ainda. É um sistema que faz você se sentir um vencedor, porque quem se sente vencedor age como vencedor.

Resultado com mini-hábitos: ainda que o índice de glicose no sangue não dependa dos mini-hábitos, o fato de que eles são eficientes nos quesitos energia e força de vontade e potentes psicologicamente preserva a glicose no sangue tanto quanto qualquer estratégia de objetivos/hábitos. E, se você estiver sentindo cansaço por causa de um índice baixo de glicose, os mini-hábitos são a melhor chance que você terá de agir mesmo assim.

COMO OS MINI-HÁBITOS EXPANDEM SUA ZONA DE CONFORTO

Agora, você tem uma zona de conforto. Imagine que essa zona é um círculo. Você se sente mais à vontade dentro desse círculo, mas alguns dos objetivos que você deseja estão do lado de fora. Você talvez veja do outro lado uma imagem sua em boa forma e pesando menos; ou livros escritos ou lidos por você; ou uma versão sua mais feliz, com menos pensamentos negativos; ou uma versão sua que cozinha mais em casa; ou qualquer outra coisa que você gostaria de melhorar. Isso tudo está fora do seu círculo de conforto porque sua realização exige certo desconforto (pois escapam da rotina atual dos seus núcleos de base).

Geralmente, o que as pessoas fazem para alcançar essa mudança é mergulhar de cabeça e tentar uma estratégia "custe o que custar para dar certo". É como se você corresse muito além do seu círculo de conforto e lutasse para ficar lá. É aí que seu cérebro inconsciente diz: *isso é interessante, mas não me sinto nada à vontade com essa mudança enorme*. E então ele o obriga a voltar para dentro do círculo de conforto quando sua motivação e sua força de vontade não conseguem mantê-lo do lado de fora.

Com os mini-hábitos, é como se você andasse até a borda externa do seu círculo e desse um passo para fora da fronteira. Você sai para um território menos confortável, mas não muito, porque sabe que pode dar um passo para trás e voltar para dentro do círculo de conforto. E talvez nas primeiras vezes você volte logo para dentro do círculo (cumprindo apenas seu minirrequisito). Mas quando você insiste em sair do círculo, seu inconsciente passa a ficar confortável e seu círculo se expande (estamos falando de um mini-hábito que começa a se formar). Essa expansão, ao contrário das corridas no exemplo anterior, pode alterar *permanentemente* suas fronteiras, e é a bala de prata dos mini-hábitos. Porque, ainda que eu espere que você sinta o ímpeto de explorar seus limites externos depois de dar o primeiro passo para o lado de fora, você vai acabar formando um hábito confortável rumo a um novo comportamento mesmo dando apenas esse primeiro passo. **Isso serve como a melhor fundação possível para passos adicionais e crescimento pessoal nesse aspecto.**

No caso das flexões, o mini-hábito típico é fazer uma todos os dias. Esse pequeno passo produz um efeito muito mais abrangente do que você imagina, porque não apenas vai deixá-lo à vontade com a ideia de fazer uma flexão, como também vai deixá-lo mais à vontade com flexões em geral e com fazê-las todos os dias. Com isso, vai ser moleza incrementar. Sério. E essa é a pior das hipóteses no sistema *Mini-hábitos* (caso você nunca fizer a mais).

O mais provável é que você faça a mais de vez em quando. E o motivo é uma questão de física básica. Segundo a primeira lei de Newton...

1. Um objeto em repouso só deixará a condição de repouso se sofrer a ação de alguma força externa.

2. Um objeto em movimento só mudará de velocidade se sofrer a ação de alguma força externa.

Está vendo a relação? Assim que dá aquele primeiro passo, você está oficialmente *em movimento*. Da mesma forma como foi comigo e como a lei de Newton sugere (pelo menos para a física), você vai perceber que, depois de começar, é quase tão difícil parar quanto continuar em frente. Acrescente a isso o fato de que nada é mais motivador e inspirador que se ver em ação. Junte tudo, e chegamos a uma equação nova:

Um passo pequeno + comportamento desejado = alta probabilidade de passos adicionais

OS DOIS MOMENTOS DE RESISTÊNCIA

Eu me lembro de morar na Virgínia com uma gata. Quando nevava, obviamente queríamos ver o que nossa gata, que vivia dentro de casa, achava da neve. Gatos não gostam de água, mas será que eles gostam de água congelada fofa? Não.

Primeira tentativa: saímos para o quintal e a jogamos para a neve. Fracasso. Ela ficou imóvel e confusa por uns três segundos e logo voltou correndo para dentro de casa, contrariada.

Segunda tentativa (outro dia): colocamos a gata na beira da neve. Sucesso! Ela chegou a contorná-la e explorar um pouco.

Seu cérebro é só mais um gato na neve, e você pode dizer que falei isso porque adoro declarações fora de contexto. Apareça com mudanças enormes para cima dele, e ele vai voltar correndo para as rotinas confortáveis. Mas se você apresentar mudanças com delicadeza e em doses reduzidas, pode ser que ele tenha curiosidade (e não medo) de explorá-las mais.

Seu cérebro é programado para resistir a mudanças, mas a maior parte dessa resistência acontece em dois momentos específicos.

Resistência antes de ação

Imagine-se como uma bola parada em uma esteira, ou, usando os termos da lei de Newton, "um objeto em repouso". As técnicas de motivação insistem que você se motive antes de se mexer, mas não seria mais fácil avançar só um centímetro e deixar o embalo ajudar? Sim, seria muito mais fácil! Avance ligeiramente para começar a rolar. Quando estiver rolando, a equação muda para uma fórmula de física mais favorável: "Um objeto em movimento só mudará de velocidade se sofrer a ação de alguma força externa".

É bom nos movimentarmos em direção aos nossos objetivos sempre que possível. Para conseguirmos isso, precisamos que a primeira ação seja *muito* fácil, porque essa é a primeira barreira de resistência em qualquer atividade. O começo é o mais difícil, mas isso não significa que tem que ser difícil começar. "Mais difícil" é relativo.

Quando a primeira ação é só um empurrãozinho, a resistência inicial encolhe. Assim que você age, acontece uma segunda onda de resistência. A força dessa segunda "onda" depende do tamanho do impacto que seu primeiro passo causou (o que varia).

Resistência a fazer mais

Na estratégia Mini-hábitos, essa primeira ocorrência de resistência interna se resolve com a adoção de passos pequenos para começar e de um requisito total fácil demais para dar errado. Assim você não fica sobrecarregado e não volta correndo para suas rotinas antigas (como um gato na neve).

Mas, depois que você começa, acontece outra onda de resistência. Pela minha experiência, aquele primeiro passo destrói por completo esse segundo nível de resistência, especialmente quando você já tem alguma prática. Porém, no início, isso era MUITO menos frequente. Você consegue adivinhar o motivo? Pense no cérebro.

Essa resistência não é nenhum mistério. É um conflito inconsciente com o comportamento típico. Os núcleos de base podem ser manipulados para não resistirem ao primeiro passo, mas eles ainda sabem o que querem na hora em que você tenta fazer mais. Então, quando o primeiro passo não basta para romper a resistência, você pode dar outro. Os núcleos de base não se incomodam de se "defender" contra passos pequenos, só contra mudanças drásticas. Se você fizer mudanças lentas e der um passo de cada vez, vai jogar seguindo as regras do seu próprio cérebro.

Então, quando eu estabelecia os miniobjetivos no Desafio da Flexão, meu cérebro tolerava. Mas, no momento em que pensei em fazer ao menos um bloco de dez minutos, meu cérebro disse: "Não, de jeito nenhum. Vá jogar video game, rapaz. Você está de castigo". Então falei: "Mas posso estender o tapete de exercícios?". E ele respondeu: "Pode". O resto você já sabe.

Se em algum momento você quiser fazer mais do que o requisito mínimo, é só continuar a usar pequenos passos (se necessário). Mas não espere que isso aconteça sempre. Seu requisito é pequeno por todos os motivos que estamos conversando! Não é bom arriscar o sucesso no longo prazo por um benefício de curto prazo. Mas também não estou sugerindo que você faça pouco demais, então vou dizer só o seguinte: se seu requisito for pequeno no papel *e na sua cabeça*, tudo bem.

Agora, vamos dar uma olhada melhor na maneira como os mini-hábitos funcionam no momento.

MINI-HÁBITOS NO MOMENTO

Acabamos de falar das duas *ocasiões* em que enfrentamos resistência (antes e durante uma atividade ou um projeto). Agora, quero tratar das duas *formas* comuns de resistência — a mental e a física.

A motivação nem sempre consegue superar resistências. Ela é a solução em alguns momentos. O slogan da motivação devia ser aquela frase do filme *O âncora: em 60% das vezes, funciona sempre*.

Mas não é só a motivação — o uso indiscriminado da força de vontade também não adianta. A boa gestão da força de vontade é tão fundamental para o desenvolvimento pessoal quanto a boa gestão do dinheiro é fundamental para o sucesso financeiro. Tem gente com empregos normais e renda relativamente baixa que se tornou milionária graças a uma boa gestão do dinheiro, enquanto superatletas que ganhavam milhões de dólares por ano foram à falência. Se você não planejar sua estratégia de ação, vai se alternar entre estratégias ruins de força de vontade e motivação e acabar se frustrando.

Veja como os mini-hábitos podem superar barreiras mentais e físicas. Vou usar os exercícios físicos como exemplo, já que é um desejo muito comum.

Situação 1: você tem energia para se exercitar, mas não quer (barreira mental).

Como vamos pular a motivação, o que nos resta é usar a força de vontade. Mas, em vez de dizer que você precisa fazer uma sessão completa de exercícios físicos, vamos dizer apenas que você PRECISA fazer uma flexão. É obrigatório. Como nesta situação você tem energia, isso não é nada de mais. E, depois de começar, você vai ver que a motivação acorda na maioria das vezes.

Nessa situação, você não quer fazer exercícios agora, mas *quer* fazer exercícios de modo geral. São desejos conflitantes entre a disposição no momento atual e seus valores para a vida. Quando fizer a primeira flexão, é provável que seus valores para a vida sirvam de inspiração e façam você superar sua hesitação anterior. Se não, talvez seja preciso estabelecer mais micro-objetivos, como fiz no primeiro Desafio da Flexão, e, conforme você for abrindo espaço, sua mente vai se adaptar ao que o corpo está fazendo. E cada pequeno passo que você der deixará sua perspectiva saudável de longo prazo mais interessante.

Na parte sobre força de vontade, vimos que ela depende muito da percepção de dificuldade da tarefa, e, quando você começa com o "ridiculamente pequeno", a dificuldade percebida e o custo de força de vontade sofrem uma queda drástica. Quando você dá o primeiro passo, seu cérebro é obrigado a calcular a dificuldade *real* de uma sessão completa de exercícios, em vez da projeção tendenciosa feita por um cérebro perigoso de que vai ser uma tortura! Se em algum momento já pensou que *não foi tão ruim* depois de se exercitar ou experimentar algo novo, então você conhece esse fenômeno.

Agora, e se você exagerar com a força de vontade depois de começar pequeno e acabar se esgotando? É essa situação que deixa os *coaches* apavorados... e se você simplesmente não tiver energia para agir? E se estiver com dor de cabeça? Não estou dizendo que isso é uma panaceia para todas as aflições restritivas, mas acredito mesmo que é a melhor estratégia baseada em ação — se alguma coisa funciona, é isso.

Situação 2: você não tem disposição física para fazer exercícios porque está cansado (barreira física).

Vemos o cansaço como uma barreira física, mas ele é também uma barreira mental. A falta de energia geralmente significa motivação zero. Já superei essa mesmíssima situação várias vezes com os mini-hábitos. Por exemplo, mais de mil palavras deste livro foram escritas *enquanto* eu estava com dor de cabeça. E não só isso — eu estava cansado e queria dormir. Não tinha motivação alguma para escrever, tinha muito pouca energia, e fiz minhas cinquenta palavras mesmo assim (que de alguma forma se transformaram em mil).

Em muitos sentidos, é mais difícil não fazer uma única flexão do que fazer. O desafio é tão fácil que seu orgulho entra na equação: *posso estar exausto e turrão agora, mas, poxa, isso dá para fazer*. Quero que você se lembre sempre que puder do absurdo que é não conseguir cumprir o(s) requisito(s) do seu mini-hábito.

Fui produtivo com dor de cabeça porque comecei devagar. A princípio, com base no que eu sentia, parecia literalmente impossível. E, tempos atrás, jamais tentaria escrever naquelas circunstâncias, considerando que tinha uma *ótima* desculpa. Eu teria deixado para lá e feito a promessa típica de escrever depois. (Com a idade, aprendi que o agora é o depois de ontem, e que o depois é um plano ruim.) Mas era o combo máximo — dor de cabeça, tarde da noite e morto de cansaço. Juro que minha cama estava me passando cantadas.

"Seu ciclo REM é lindo, Stephen", dizia ela. Meus olhos turvos contemplaram as cobertas quentes cheios de desejo, e respondi: "Só um minuto, querida".

Meu requisito era tão fácil que decidi separar um minuto para cumpri-lo e depois parar. Mas acabei escrevendo mil palavras; fiquei impressionado. Foi em um desses momentos que percebi o poder dessa estratégia para a vida.

Está vendo como os mini-hábitos podem fazer você se sentir insuperável? Está vendo por que tenho certeza de que os mini-hábitos podem ajudar praticamente qualquer um a criar hábitos bons? Se consegui agir naquelas circunstâncias — quando tinha pouca força de vontade — é porque essa estratégia é boa. A base da estratégia não é minha experiência pessoal, e sim a ciência da força de vontade. Minha experiência coincide com a ciência. Os mini-hábitos foram concebidos para o mínimo gasto de força de vontade e o máximo de embalo — a combinação perfeita.

Encaixe os mini-hábitos na sua vida

Você é uma pessoa ocupada? É comum você se sentir sobrecarregado com tudo o que quer e o que precisa fazer? Uma questão que precisa ser considerada em qualquer sistema é se ele se encaixa na sua vida. Muitos livros sobre hábitos recomendam (sabiamente) que você só busque um hábito de cada vez. Isso se deve ao fato de que nossa força de vontade limitada não dá conta de suportar muitos hábitos ao mesmo tempo. Mas quem é que quer dedicar seis meses a uma parte da vida e ignorar as outras que almeja melhorar? Os hábitos são tão valiosos que valem a pena, mas é frustrante se concentrar só na escrita quando você também quer entrar em forma. Essa tensão entre sua meta atual e as outras áreas que você gostaria de aprimorar pode pôr tudo a perder. Isso é um problema enorme e muito pouco explorado que não tinha solução... até agora.

Os mini-hábitos são tão pequenos e eficientes em termos de força de vontade que dá para ter vários ao mesmo tempo. Até pessoas ocupadas e cansadas podem dar conta de diferentes mini-hábitos. Encare os mini-hábitos como a base para o seu dia — são coisas que você PRECISA fazer, mas que só consomem um total de alguns minutos. Depois disso, você pode fazer tudo o que quiser, mesmo que sejam "repetições extras" ou outras atividades. É um sistema completamente flexível para caber no seu dia a dia, mas é a alavanca do desenvolvimento pessoal, porque pode elevar um hábito à primeira vista pequeno na sua vida a uma posição muito maior.

Parte V

A diferença dos mini-hábitos

> *O exército vitorioso atinge a vitória antes e busca a batalha depois; o exército derrotado vai à batalha antes e busca a vitória depois.*
> Sun Tzu, *A arte da guerra*

Por que *Mini-hábitos* é diferente de todos os outros sistemas que prometem transformar a sua vida? Como esse sistema pode ser melhor que métodos tradicionais para aprimorar o desenvolvimento de hábitos e o crescimento pessoal? Essas são boas perguntas; então aqui vão as respostas.

OS MINI-HÁBITOS PODEM COMPETIR COM OS HÁBITOS QUE VOCÊ JÁ TEM

Estudos feitos com pessoas que tentavam mudar hábitos chegaram a resultados desanimadores.[1] Eles concluíram que, quando um hábito é forte o bastante, até as intenções mais rigorosas têm dificuldade para mudar a situação. No decorrer de um dia, você realiza uma quantidade muito maior de comportamentos habituais do que parece, e esses hábitos podem interferir nas suas tentativas de criar um hábito saudável novo.

Mini-hábitos arrebenta outros programas de hábitos no quesito competitividade. A tentativa de iniciar um novo comportamento equivale a tentar entrar em um campeonato de levantamento de peso sem treinar. A concorrência lá já é enorme, e o pior é que os adversários são veteranos, experientes e mais fortes que você. A maioria dos programas de hábitos fracassa aqui. Eles o convencem de que você pode disputar frente a frente com esses hábitos mais fortes logo de cara. (Sinto muito, mas aposto quatrocentos dólares em cigarro e TV.) Eles mandam você realizar uma mudança enorme, como passar a escrever 2 mil palavras por dia quando antes você não escrevia nada, ou sair do sofá e passar a se exercitar por uma hora todos os dias. O problema disso é o custo de força de vontade. É uma conta que não fecha a favor da gente, a menos que você já tenha um músculo de disciplina forte. Se não, você vai se esgotar (e eu vou ganhar quatrocentos dólares).

O cérebro resiste a mudanças grandes. Você já ouviu aquela história de que é só dar o primeiro passo para as portas se abrirem? Os mini-hábitos têm o mesmo princípio, mas, em vez de conseguir uma nova oportunidade em uma empresa, por exemplo, estamos falando de entrar no seu cérebro. Imagino que é como se o córtex pré-frontal tivesse uma verba para gastar antes de a parte automática assumir o controle. Para cada atividade, o cérebro inconsciente olha para o que você está pedindo e cobra da sua força de vontade para entrar na sala de comando. A quantidade de controle manual que você pode *pedir* por dia é limitada, mas, depois de que você entra, já está garantido. Os mini-hábitos são cavalos de Troia que custam pouca força de vontade e podem usar a facilidade de acesso à sala de comando do cérebro para alavancar resultados significativos. Percebi isso quando fiz aquela primeira flexão. Era a mesma ação física de quando eu começava toda sessão de exercícios, mas não senti o peso da sessão porque não pedi tudo de uma vez para o cérebro.

PEQUENOS PASSOS & FORÇA DE VONTADE SÃO UM TIME VENCEDOR

No desenvolvimento pessoal, pequenos passos e a força de vontade são o time perfeito. Se você tiver força de vontade para determinada ação, vai conseguir realizá-la. Pequenos passos demandam pouca ou nenhuma força de vontade. Então é que nem ter uma quantidade ilimitada de força de vontade. Você pode se convencer a fazer praticamente qualquer coisa se seguir um caminho de passos superpequenos. Experimente.

Se você resiste a falar com uma garota e chamá-la para sair, decida colocar o pé esquerdo na frente do direito, e depois o direito na frente do esquerdo, na direção dela. Você vai chegar lá, e aí ela vai perguntar por que você estava "andando de um jeito tão estranho". QUEBROU O GELO.

Exemplo novo em folha: depois de três horas de basquete hoje, eu estava exausto. Meu cérebro e meu corpo me falaram que eu não tinha condições de escrever. Eu estava caindo de sono. Não tinha nenhuma força de vontade. Mas estabeleci a meta de cinquenta palavras, que era fácil demais para resistir, e mais uma vez superei bem o objetivo agora (e continuo acordado). Muitas vezes, quando estiver cansado, você vai acordar se exercitar a mente ou o corpo.

OUTROS MÉTODOS VÃO DIZER QUE NÃO TEM PROBLEMA SE VOCÊ RELAXAR RÁPIDO DEMAIS

O mito comum diz que você pode estabelecer um hábito em 21 ou trinta dias. Alguns livros se baseiam completamente nessa premissa falsa. A verdade é um pouco mais feia e imprevisível —

de dezoito a 254 dias para a formação de um hábito, dependendo do hábito e da pessoa.

Os mini-hábitos não têm prazo determinado porque não sabemos quanto tempo leva para o hábito se criar. O que fazemos é procurar sinais de que o comportamento se tornou hábito. Se você tiver uma experiência parecida com a minha, é possível que acabe desenvolvendo um hábito maior do que o planejado. Meu mini-hábito de escrever cinquenta palavras por dia resultou na escrita diária de umas 2 mil (ainda que não todos os dias).

MINI-HÁBITOS AUMENTAM SUA AUTOEFICÁCIA

O termo autoeficácia não costuma aparecer fora de artigos sobre a ciência do comportamento. Autoeficácia é a crença na própria capacidade de afetar um resultado. Um estudo randomizado de dois anos revelou que um nível básico de autoeficácia produz impacto significativo na adoção e manutenção de exercícios físicos.[2] Isso se aplica tanto a pessoas que querem se exercitar quanto às que *precisam* se exercitar por motivos médicos (é claro que todo mundo *devia* se exercitar para preservar a saúde). Como os pesquisadores destacam em sua análise, "é mais provável a aceitação do paciente em relação às orientações de atividade física se a autoeficácia da atividade física for avaliada e incrementada".[3]

A autoeficácia nos ajuda a atingir objetivos e criar hábitos, mas o psicólogo Albert Bandura explica que "só a expectativa não vai bastar para produzir o resultado desejado se não existirem as aptidões necessárias".[4] Não é suficiente acreditar em si mesmo. No entanto, a carência de autoeficácia básica é algo extremamente comum em pessoas que sofrem com depressão, pouca força de vontade e fracassos constantes. Se você acha que vai fracassar, é difícil obter resultados positivos.

Mini-hábitos são uma máquina geradora de autoeficácia, e o importante é que você pode começar com zero de autoeficácia. Seus sucessos diários vão servir de treinamento para que você desenvolva uma autoeficácia alta. Como não acreditar na capacidade de fazer uma flexão por dia? Dá para fazer entre estas duas frases. E, com a prática, isso acaba fortalecendo sua autoeficácia. Os mini-hábitos servem de treinamento para a crença em si mesmo.

Não esqueça que seu cérebro abraça qualquer repetição que você der para ele. Então, um problema que muita gente desenvolve é a expectativa de não conseguir atingir objetivos. Com o tempo, isso arrasa com a autoeficácia porque é difícil acreditar que da vez seguinte vai ser diferente (*sobretudo* se você estiver usando a mesma estratégia que deu errado antes). Se você estava se sentindo perdido, foi exatamente isso que aconteceu. Mas... você CONSEGUE. Não estou sendo motivador; estou sendo lógico. Você é literalmente capaz de obter progresso positivo na sua vida. Achar que não é um contrassenso irracional e é resultado do seu treinamento para acreditar que não consegue.

Os mini-hábitos são a maneira perfeita de recomeçar. Você não vai mais ficar intimidado por objetivos imensos. Não vai mais ser afligido por sentimentos de culpa ou incompetência por causa de fracasso. Não, dessa vez você vai ter sucesso todos os dias. As vitórias podem ser pequenas, mas, para uma mente derrotada, uma vitória pequena é enorme.

Agora, pode ser que você esteja se perguntando: "Como é que uma flexão ou cinquenta palavras por dia vão me ajudar? Esse progresso não faz diferença".

Em primeiro lugar, isso é um erro — quando qualquer comportamento pequeno se torna um hábito, faz diferença. Muita.

Um hábito é a fundação comportamental mais forte possível para o ser humano. É melhor ter o hábito de fazer uma flexão por dia do que fazer trinta flexões vez ou outra. *Só os hábitos podem crescer e se fortalecer.*

Além do mais, você tem toda a liberdade e o incentivo para superar a meta pretendida — eu acabo com minhas metas todo dia agora. Mas é só porque PRECISO escrever meras cinquenta palavras por dia que me sinto inclinado a escrever 2 mil. Antes, havia dias em que eu não escrevia nada. Era por isso que minha ambição de escrever muito me fazia escrever bem pouco. Agora, escrevo pelo menos três vezes mais do que antes. E isso acontece porque o ato de começar não me intimida mais. Também adoro minha rede de segurança. Posso me considerar uma pessoa de sucesso se tirar alguns minutos para escrever cinquenta palavras — isso é *um poder enorme.*

Muitas vezes, pensei em "escrever só as minhas cinquenta palavras" e acabei escrevendo 3 mil. Como já comentei, houve uma vez em que escrevi mil palavras com dor de cabeça e zero de energia. Depois disso fiquei me sentindo o Super-Homem. Relembrei as vezes em que eu estava cheio de saúde e energia, mas perdi tempo, então vi o que fiz com dor de cabeça e pouca energia e fiquei mais empolgado ainda de oferecer este livro para o mundo.

MINI-HÁBITOS PROPORCIONAM AUTONOMIA

Em uma pesquisa de 2012 sobre satisfação profissional com 411 pessoas, 65% dos americanos e canadenses entrevistados se disseram insatisfeitos ou um pouco insatisfeitos com o trabalho.[5] Acho que isso se deve, em parte, à filosofia tradicional de gestão que visa controlar os funcionários, em vez de auxiliá-los. Outras pesquisas constataram que autonomia, ou a sensação de que temos controle e podemos tomar decisões, é um fator importante para a satisfação profissional. Na Dinamarca, uma pesquisa realizada pelo Observatório Europeu da Vida Profissional constatou que "quase 90% dos homens e quase 85% das mulheres com cargos de alta responsabilidade no trabalho têm alto nível de satisfação, enquanto apenas cerca de 56% dos funcionários com pequenas responsabilidades no trabalho declaram alto nível de satisfação profissional".[6] Isso é um exemplo específico de uma verdade universal — quando nos sentimos controlados, nós nos fechamos. As pessoas odeiam isso. Talvez seja por isso que a autonomia é muito associada à liberdade.

Essa é a ruína de muitos livros de autoajuda. Eles dizem que você precisa suar sangue para conseguir o que deseja na vida. Bom, suar sangue não é sinal de que uma parte sua não está gostando muito? Você não prefere se tratar bem no seu processo para se tornar uma pessoa melhor?

O outro extremo dos livros de autoajuda inclui besteiras cor-de-rosa motivacionais e outras falações inofensivas para fazer você se sentir bem. Você pode se sentir motivado por um tempo, mas, como já comprovamos, contar com as emoções e a motivação não funciona a longo prazo.

No seu caminho, você vai adorar a leveza dos mini-hábitos. Mas isso não é um sistema frouxo sem estrutura. Não é uma tentativa banal para deixá-lo animado. Você vai estabelecer requisitos diários ou semanais rigorosos, porém eles serão tão fáceis que seu inconsciente não vai se sentir controlado pelos seus planos (importante!). Depois, quando cumprir seu requisito pequeno, você terá *liberdade* para fazer o que quiser. Sem culpa e sem o fardo insuportável dos objetivos pesados, você tem liberdade para explorar esses comportamentos saudáveis. E o processo fica mais divertido também, o que é um benefício cientificamente relevante!

Um estudo revelou que quando as pessoas consideravam que alguma atividade ou decisão era divertida (e não tediosa, chata ou difícil), a persistência delas era mais forte.[7] Os pesquisadores desse estudo também observaram o grande impacto da autonomia, que você vai perceber que é um componente fundamental dos mini-hábitos. Aparentemente, ela funciona ativando nossa motivação intrínseca. Isso porque, depois de cumprir mini-hábitos, você tem *liberdade para fazer o que quiser*. Os exemplos em que a autonomia produziu resultados melhores (cada um embasado por um estudo próprio) na pesquisa foram pessoas com obesidade mórbida que perderam peso, fumantes que largaram o cigarro e diabéticos que conseguiram controlar os níveis de glicose no sangue.[8]

MINI-HÁBITOS UNEM O ABSTRATO E O CONCRETO

Os objetivos podem ser abstratos ou concretos. Um objetivo abstrato é "quero ser rico"; um concreto é "quero ganhar quinze dólares hoje vendendo limonada às três da tarde". A maioria das pessoas recomenda fortemente que você persiga objetivos concretos, mas também é importante conhecer seus objetivos e valores abstratos para a vida (já escrevi sobre isso no meu blog, em stephenguise.com [site em inglês]). O raciocínio abstrato ajuda com os objetivos abstratos, mas pode comprometer a autorregulação necessária para os objetivos concretos.

Um estudo, realizado por Labroo e Patrick, demonstrou o efeito potencial que o humor pode ter na maneira como pensamos.[9] Os experimentos incluíam várias técnicas de manipulação do humor (por exemplo, pedir que as pessoas "pensassem no melhor/pior dia da vida delas") e depois testes para mensurar a capacidade ou preferência de raciocínio abstrato. A partir dos cinco experimentos do estudo, as pesquisadoras concluíram que a felicidade fazia as pessoas pensarem de forma abstrata, o que nos ajuda a enxergar o quadro geral, mas pode dificultar a busca de objetivos que demandam raciocínio concreto.

Outro problema foi apontado por um estudo de Ayelet Fishbach e Ravi Dhar; ele sugere que satisfação prematura ou grande expectativa de sucesso podem nos dar a sensação de que já tivemos sucesso.[10] Pessoas em dieta foram separadas em dois grupos. Os pesquisadores só informavam a um dos grupos o progresso da dieta, e depois ambos os grupos podiam escolher uma recompensa — uma maçã ou uma barra de chocolate. No grupo que era informado do progresso da dieta, 85% das pessoas escolheram a barra de chocolate, em comparação com 58% do outro grupo, o que sugeria uma mentalidade "eu mereço uma recompensa".

Um benefício fundamental dos mini-hábitos é o fato de que podemos fazê-los independentemente do que sentimos, incluindo aquela sensação de satisfação prematura que costuma atrapalhar o progresso. Como o requisito é muito pequeno, não existe nenhuma desculpa válida —nem de felicidade nem de letargia — para ignorá-lo.

A felicidade reduz sua capacidade de atingir objetivos concretos, mas, como a parte concreta dos mini-hábitos é, por exemplo, só uma flexão, ainda é fácil fazer mesmo com uma mentalidade abstrata. É uma coisa tão pequena que demanda muito pouca atenção e energia mental. E, como a felicidade aumenta o desempenho e a dedicação a objetivos abstratos, depois de atingir o objetivo concreto você pode perseguir o abstrato de "entrar em forma" para se obrigar a querer fazer mais exercícios.

Como tive sucesso com os mini-hábitos, estou mais feliz; com isso os mini-hábitos concretos ficaram ligeiramente mais difíceis (embora continuem fáceis). Mas, quando começo um mini-hábito, fica mais fácil perseguir os objetivos abstratos relevantes de escrever mais, ler mais ou manter uma forma excelente.

Dado que os mini-hábitos fortalecem o progresso com objetivos abstratos e concretos, as pessoas que têm mais facilidade com um ou com outro podem alcançar o sucesso. Lembra quando eu precisava estabelecer vários objetivos no Desafio da Flexão para fazer quinze flexões? Eu tinha que contar com objetivos concretos minúsculos para terminar a sessão. Essa flexibilidade é importante para a continuidade por causa das alterações psicológicas pelas quais passamos dia após dia. Ela serve para qualquer situação ou obstáculo. Não existe quase nenhuma situação capaz de impedi-lo completamente de realizar seus mini-hábitos, mas existem muitas circunstâncias em que você vai acabar indo além dos seus mini-hábitos. A única vez que deixei de fazer (só) um dos meus três mini-hábitos foi quando me esqueci de ler e fui dormir. Você pode estar feliz e motivado, cansado e deprimido, ou até doente, e ainda assim vai ser possível completar seus mini-hábitos e talvez até mais.

MINI-HÁBITOS DESTROEM O MEDO, A DÚVIDA, A INTIMIDAÇÃO E A HESITAÇÃO

A melhor maneira de vencer essas coisas é pela ação. O primeiro passo detona o medo com o tempo, quando não imediatamente. A escrita não me intimida mais. Já não me sinto culpado por não ler o bastante. Ir à academia já não é algo assustador — é divertido. *O medo não existe se você experimenta algo e vê que não foi nenhum terror.*

Os mini-hábitos nos obrigam a dar aquele primeiro passo porque é fácil demais. E mesmo se depois você recuar para a zona de conforto, no dia seguinte você vai sair de novo. Com o tempo, vai dar um segundo passo. Os mini-hábitos nos expõem às dúvidas e aos medos que temos de um jeito seguro e fortalecedor. Você verá que não é tão difícil fazer exercícios e que você dá conta. Verá que escrever todos os dias é fácil e que o bloqueio criativo é uma barreira imaginária. Vai começar a ler mais livros. Vai ter uma casa mais limpa. Tudo o que queria fazer se tornará uma possibilidade.

MINI-HÁBITOS CRIAM BÔNUS ABSURDOS DE ATENÇÃO E FORÇA DE VONTADE

Uma das perícias mais importantes que a gente pode ter é a atenção, que significa ter consciência do que pensamos e fazemos. Ter atenção é a diferença entre viver com propósito e se deixar levar pela corrente.

Se seu mini-hábito é beber um copo d'água por dia, você vai prestar mais atenção a quanta água bebe *em geral*. Quando você precisa monitorar algo todos os dias, por menor que seja, isso é alavancado na sua consciência, e você vai pensar nisso até mesmo depois de atingir o requisito. Presto tanta atenção à minha escrita agora, por causa do meu mini-hábito, que passo o dia todo pensando em oportunidades de escrever. Você, de forma simultânea e natural, se habituará a prestar atenção, o que ajudará em todas as modificações futuras de hábito (inclusive com hábitos ruins).

O outro bônus é o aumento da força de vontade. Como a força de vontade precisa mais de resistência do que de força bruta, a repetição frequente de tarefas pequenas é o "exercício" perfeito para o músculo da força de vontade. Quanto maior for sua força de vontade, mais controle você terá sobre seu corpo.

Muita gente é escrava do próprio corpo, reagindo a tudo que é emoção e capricho. Essas pessoas acreditam que é impossível fazer algo se não tiverem vontade na hora. A inclusão de mini-hábitos é uma ótima forma de corrigir essa mentalidade e desenvolver a força de vontade ao mesmo tempo.

Chega de falar. Vamos para a ação. A próxima parte vai mostrar como você pode criar mini-hábitos para durar a vida inteira.

Parte VI

Mini-hábitos — Oito pequenos passos para grandes mudanças

Se você não executar suas ideias, elas morrem.
Roger von Oech

Agora começa a diversão de verdade. Este é um guia passo a passo para você escolher e aplicar seus próprios mini-hábitos. Recomendo que separe agora papel e caneta para estudar estas páginas e anotar seus planos e sua estratégia.

PASSO 1: ESCOLHA SEUS MINI-HÁBITOS E O PLANO DE HÁBITOS

Faça uma lista rápida com os hábitos que gostaria de ter algum dia. Os importantes vão saltar logo à sua mente. Esta será sua lista de referência para o primeiro passo.

É difícil perseguir um hábito quando estamos ansiosos para criar *mais* alguns. É preciso ter muita disciplina para ignorar todo o resto por alguns meses a fim de desenvolver com firmeza um único hábito. Vale a pena fazer esse sacrifício para poder criar um hábito capaz de durar a vida inteira, mas não é fácil.

A boa notícia é que, como mencionei antes, é possível desenvolver vários mini-hábitos ao mesmo tempo! Isso se deve ao baixo custo de força de vontade e à flexibilidade deles. Mas o "tamanho" pode variar — tanto na dificuldade inicial quanto no volume extra que você pode vir a fazer. Comigo, foram muito mais palavras extras escritas do que páginas extras lidas. Escrever é prioridade para mim, então é natural que eu me esforce mais para isso. Dito isso, também estou lendo muito mais do que antes, e, alguns dias, leio muito mais do que escrevo. Você vai adorar essa flexibilidade, porque permite espaço para festas, viagens e outras extravagâncias na agenda.

Ultimamente, tenho perseguido três mini-hábitos com muito sucesso. São quatro, se você contar exercícios físicos, mas isso já é um hábito — vou à academia três vezes por semana. Ainda monitoro toda semana, mas não é mais um desafio para a força de vontade. Meu cérebro agora tem mais chance de me incentivar a fazer exercício do que de resistir.

Não recomendo que você persiga mais de quatro mini-hábitos por vez (e quatro talvez já seja muito). Por mais que cada um desses hábitos seja fácil de realizar, quanto maior a quantidade, mais sua concentração estará dividida entre eles e maior será a chance de você negligenciar ou esquecer algum. E não só isso: imagine ter que cumprir cem requisitos minúsculos todo dia. Eita! A necessidade de fazer *algumas* coisas todo dia possui um custo de força de vontade. Dois ou três mini-hábitos são a quantidade ideal para muita gente.

Aqui vão os planos de hábitos para você escolher...

Plano flexível de uma semana (recomendado)

Nesse plano, você começa com um hábito e usa o sistema *Mini-hábitos* durante uma semana. Depois, avalia e escolhe um plano de longo prazo.

Avaliação em uma semana: Você se sente esgotado? Está conseguindo superar seu requisito com facilidade todos os dias? Está arrasando e desejando mais hábitos bons? Dependendo do quão desafiador está sendo para você, pode continuar com um só ou acrescentar outros. Como nem todos os hábitos têm o mesmo nível de dificuldade, não é possível nem sensato definir uma quantidade fixa que funcione para todo mundo. E lembre também que, quanto mais mini-hábitos você tiver, menor será a chance de extrapolar os requisitos deles.

Por fim, considere como seria um dia mais difícil. Talvez você tenha que passar o dia inteiro dirigindo ou preparando uma festa grande — vai conseguir completar seus mini-hábitos assim? Não imagine os dias mais tranquilos; imagine os mais pesados. Se você consegue fazer algo no dia em que está cansado, estressado e muito ocupado, vai conseguir fazer todos os dias.

Agora, se acha que sua força de vontade dá conta de mais um mini-hábito (ou dois), pode acrescentar! Repare que não falei da sua agenda, porque seus mini-hábitos devem tomar menos de dez minutos *ao todo* para você concluir (se você não resolver fazer a mais). Todo mundo consegue tirar dez minutos para fazer algo importante.

O plano flexível de uma semana é recomendado para quem quer experimentar o sistema *Mini-hábitos*, mas ainda não sabe direito o que funciona melhor. Este plano vai se transformar automaticamente em um dos outros.

Aviso: É importante marcar o fim da semana no seu calendário para tomar uma decisão firme nesse dia sobre os planos futuros. Não deixe abrir uma lacuna!

O miniplano único

Seu maior desejo é escrever com frequência? Você quer muito investir no seu condicionamento físico? Está a fim de se dedicar às leituras diárias? Este miniplano único vai depositar toda a sua concentração em um único hábito; o índice de sucesso aqui é muito alto. Comecei fazendo isso com o Desafio da Flexão, em que eu precisava fazer pelo menos uma flexão todos os dias. Se a sua força de vontade for tão baixa quanto a minha, talvez você só dê conta de um mesmo. Tem que começar por algum lugar!

Este é recomendado para as pessoas que têm um único objetivo muito mais importante que todos os outros agora. Também é uma boa opção para quem tem pouca força de vontade e precisa de ajuda para melhorá-la. Não esqueça: sempre é possível acrescentar outros mini-hábitos, mas dói mais se você tiver que abandonar um.

Miniplano múltiplo

Esta é a minha estratégia atual, e a mais avançada, mas não quer dizer que é difícil demais para alguém iniciante. Tenho três mini-hábitos, mas você vai ver que dois são praticamente a mesma coisa: escrevo pelo menos cinquenta palavras para qualquer coisa, escrevo pelo menos cinquenta para um livro e leio pelo menos duas páginas de um livro por dia. Isso é um acréscimo ao meu hábito agora de tamanho real de ir à academia três vezes por semana (que evoluiu a partir do Desafio da Flexão). Até mesmo com três objetivos diários, consigo cumprir minha lista toda em menos de dez minutos, se necessário (e nunca deixo de cumprir).

Se você quiser muito experimentar quatro ou mais mini-hábitos logo de cara, fique à vontade. Pode dar certo, mas não quero que eles estraguem esse sistema ótimo se for muito difícil para você fazer tudo isso de forma contínua. Por mais que cada mini-hábito seja superpequeno, você precisa de uma dose de força de vontade e disciplina para fazê-los todo dia. E *Mini-hábitos* busca 100% de sucesso, não 95%. Se você furar um único mini-hábito, não vai conseguir a sensação de sucesso total, que é importante para manter uma autoeficácia elevada.

A quantidade ideal de mini-hábitos para você é determinada principalmente pela dificuldade que cada um deles tem no seu caso. Para muita gente, beber água é mais fácil do que um hábito relacionado a exercício físico (mesmo em forma miniaturizada). Hábitos que tenham a ver com ir a algum lugar são *consideravelmente mais difíceis*, sobretudo porque dependem de disponibilidade, local etc. Os meus são fáceis porque posso levar meu laptop para qualquer lugar. Antes, eu pensava: *Acho que não vai dar para escrever porque vou passar dois dias fora no feriado*. Nunca mais! Agora posso ser produtivo durante a folga também (sei o que você está pensando, mas posso fazer só o mínimo se preferir relaxar).

O miniplano múltiplo é recomendado para quem está ansioso para desenvolver vários hábitos bons ou acha pouco desenvolver só um de cada vez.

Se você não sabe ao certo qual é o melhor plano para o seu caso, escolha por enquanto o plano flexível e um hábito que você gostaria muito de criar. Não tenha medo de estabelecer a quantidade total do que você quer com este passo (por exemplo, fazer exercício cinco vezes por semana sem falta).

A essa altura, você já vai ter um plano de hábitos e poderá perseguir hábitos de tamanho real. Pode ser que eles tenham a ver com boa forma, escrita, leitura, ingestão de água, gratidão habitual, meditação, programação etc. Agora, vamos miniaturizá-los!

Deixe seus hábitos "ridiculamente pequenos"

O motivo por que tendemos a resistir à ideia de nos permitir pequenos passos tem a ver com normas sociais, orgulho e o costume de pensar grande. *É fácil fazer vinte flexões*, alguém pensaria, *então não preciso dizer que vou fazer uma só*. Mas esse raciocínio só leva em conta um tipo de força (física). Toda ação possível — como vinte flexões — está ligada a um requisito de força de vontade. Se você tem motivação e muita energia e está em boa forma, vinte flexões podem não "custar" muita força de vontade. Mas quando você já está um pouco cansado e sem muito ânimo, sua força de vontade não só vai ser menor como a atividade vai "custar" mais! Um erro que as pessoas cometem ao estabelecer objetivos é não levar em conta que a motivação e os níveis de energia vão flutuar muito. Elas partem do princípio de que o estado de espírito e a energia que têm no momento podem ser preservados e reativados na hora de agir. O que acontece então é uma batalha perdida contra um cérebro que não quer mudar (nesse sentido). Mas, dessa vez, vamos enganar nosso cérebro e vencer no jogo da força de vontade.

Minha regra geral é miniaturizar meu hábito desejado até ele parecer ridículo. Quando alguma coisa parece "ridiculamente pequena", seu cérebro não a encara como ameaça. Aqui vão alguns exemplos que parecem ridiculamente pequenos para muita gente:

Uma flexão por dia? Só pode ser brincadeira!

Abrir mão de um pertence por dia? Inútil!

Escrever cinquenta palavras por dia? Você nunca vai publicar nada!

Enquanto pratica os mini-hábitos, você vai desenvolver a habilidade de descobrir maneiras criativas de reduzir suas ações cada vez mais sempre que sentir resistência. Se você estiver resistindo à sua única flexão do dia — diga que você tem que ficar na posição ou, mais fácil, que você tem que se deitar de bruços no chão. Se seu mini-hábito é beber um copo d'água todo dia, dá para diminuí-lo se você decidir encher um copo com água ou, mais ainda, pegar um copo. Se seu mini-hábito é escrever cinquenta palavras por dia e você está resistindo, abra seu processador de texto e escreva uma palavra. Você não vai precisar fazer isso na maioria das vezes, pois seus mini-hábitos já são "ridiculamente pequenos", mas guarde esse recurso no seu arsenal para os momentos de resistência extrema.

Não existem doses pequenas demais no que diz respeito aos mini-hábitos. Se você não tem certeza, escolha a opção menor. Este é o segredo do sistema *Mini-hábitos*. Você vai repetir essa ação *pequena demais para dar errado* todos os dias.

Tanto quanto ter mini-hábitos pequenos, é importante pensar pequeno. **Você precisa aceitar esse minirrequisito como se fosse um objetivo completo.** Assim, se você cumprir seu requisito minúsculo, vai ter sucesso no dia. Se conseguir fazer isso, vai alcançar os resultados "grandes" desejados.

O que fazer com mini-hábitos semanais

Entendo que algumas coisas não são adequadas para um plano diário. Atividades físicas são algo que muita gente quer fazer de três a cinco vezes por semana. Quem é que quer ir sete dias por semana à academia se só vai malhar em três?

Mini-hábitos semanais demoram mais para se tornarem hábitos de fato, mas são contínuos o bastante para o cérebro reconhecer o padrão. Então, se você quer *muito* estabelecer um mini-hábito semanal, experimente e veja como funciona no seu caso. Ou podemos fazer algo criativo com mini-hábitos semanais e transformá-los em um requisito diário. Se você quiser ir para a academia toda semana, por exemplo, pode estabelecer um mini-hábito híbrido.

Um mini-hábito híbrido é quando você estabelece duas opções (A ou B). Não sou muito fã de mini-hábitos híbridos porque eles aumentam o custo de força de vontade (decisões também consomem força de vontade), mas em alguns casos é a melhor opção. E eu gosto do fato de que eles demandam que você faça *algo* todo dia.

Exemplos de mini-hábitos híbridos:
— ir à academia OU dançar durante uma música inteira;
— ir à academia OU fazer uma flexão;
— ir à academia OU correr por um minuto.

Com esse exemplo, você vai ter um substituto para os dias em que não for à academia. *As pessoas não vão escolher a opção mais fácil todo dia?* Em primeiro lugar, acho que você vai se surpreender com o que fará sem requisitos adicionais. Conceder-se liberdade com inteligência ajuda muito. E você *quer* entrar em forma, não é? Em segundo lugar, o mini-hábito aqui é só ir até a academia. Se você quiser, pode voltar direto para casa. Parece loucura, mas preciso reforçar a importância de reservar para si uma alternativa a uma sessão grande e pesada de 45 minutos de atividade física. Seu cérebro inconsciente tem inteligência bastante para saber quando o objetivo no papel não é seu objetivo de verdade. E é quando a gente se força a assumir uma obrigação intimidadora que nosso cérebro, lento para mudar, se revolta.

Para um plano híbrido, recomendo começar sem compromisso. Veja com que frequência você decide ir à academia. Se nunca escolher a academia, pode começar a exigir um dia de academia por semana. Depois, pode subir para dois dias por semana. Mas vá com calma. Não tenha pressa de mudar, porque seu cérebro *não consegue e não vai* mudar rápido. Ele vai demorar de qualquer jeito, então o método mais lógico é você ir aos poucos.

Certo, agora dê uma olhada na sua lista:

— Está com um plano de mini-hábitos? Escolheu o flexível, o único ou o múltiplo?

— Seus mini-hábitos são "ridiculamente pequenos"? Diga-os em voz alta. Se você der risada, eles estão aprovados.

— Está tudo anotado? Pode ser em papel de rascunho.

Se estiver tudo certo, ótimo. Vamos ao segundo passo.

PASSO 2: USE A BROCA DOS PORQUÊS EM CADA MINI-HÁBITO

Todo mundo prefere ser saudável, mas nem todo mundo está disposto a se empenhar devidamente para maximizar a saúde. Passar o dia comendo fast-food e vendo filmes também tem seus benefícios. Se seu problema é que você quer fazer coisas, mas tem dificuldade para fazê-las, este é o livro certo.

A melhor maneira de saber se os hábitos valem o esforço começa com a identificação da origem. A origem das melhores ideias para hábitos reside nos seus próprios valores. Não queremos ideias que venham de pressão social e do que outras pessoas esperam de você. Se tentar mudar com base na opinião de outra pessoa ou da sociedade, acho que você já sabe o resultado, mas vou falar mesmo assim: enorme resistência interna.

A broca dos porquês para chegar à origem

Brocas penetram. É isso o que elas fazem. E o motivo para eu chamar de "broca dos porquês" é que a simples pergunta "Por quê?" é a melhor maneira de penetrar até o cerne de qualquer coisa.

Depois de listar seus hábitos, identifique por que você os quer. Mas não pare nisso. Pergunte o porquê de novo. E continue perguntando até as respostas ficarem circulares e repetitivas, o que significa que você chegou ao cerne. Para dar certo, é absolutamente necessário responder com sinceridade; então vá fundo. Essas perguntas vão ter mais de uma resposta, então tente escolher as mais relevantes. Aqui vão dois exemplos verdadeiros e sinceros meus. Um é uma ótima escolha para transformar em hábito e a outra é bastante questionável.

Quero escrever todo dia. **Por quê?**
Porque a escrita é minha paixão. **Por quê?**
Porque é minha maneira preferida de me expressar e contar histórias. Posso alcançar e ajudar as pessoas com a escrita e gosto do processo. **Por que isso importa?**
Isso faz com que eu me sinta vivo e feliz. **Por quê?**
Porque escrever é algo que eu obviamente valorizo e aprecio na vida.

Próximo exemplo:

Quero levantar todos os dias às seis da manhã. **Por quê?**
Porque é o que as pessoas bem-sucedidas fazem, aparentemente, e porque tenho vergonha de levantar mais tarde. **Por quê?**
Porque tenho a sensação de que a sociedade em geral e algumas pessoas que conheço não me respeitam se eu for tarde para a cama e não acordar cedo.

No segundo exemplo, dá para ver que o principal motivo para a mudança é uma pressão externa. Dito isso, eu ainda poderia ficar mais feliz se acordasse às seis da manhã. Por causa das minhas ideias preconcebidas quanto a acordar tarde ou cedo, me *sinto* mais bem-sucedido e menos culpado de maneira geral quando me levanto mais cedo. Então não é algo a ser descartado, mas, quando confrontado a algo como a escrita (e estou escrevendo agora tarde da noite), não dou prioridade. Ao ficar acordado até tarde para escrever, estou seguindo meus valores internos, mesmo que o mundo não concorde comigo. Não tem problema o mundo discordar da sua escolha — não se intimide para seguir um comportamento que não combina com você.

PASSO 3: DEFINA SEUS MARCOS DE HÁBITOS

Os dois marcos de hábitos típicos são relacionados a tempo ou a atividade. Com um marco de tempo, você diria: "Vou fazer exercícios toda segunda, quarta e sexta às três da tarde". Com um marco de atividade, você diria: "Vou fazer exercícios toda segunda, quarta e sexta meia hora depois do almoço".

Pessoas que trabalham em empregos formais seguem agendas muito estruturadas, então marcos de tempo costumam funcionar bem para elas. Quem segue uma agenda muito flexível pode tirar mais proveito de um marco de atividade que permita uma agenda ao mesmo tempo sólida e flexível. O marco que você vai usar depende da sua rotina (desejada).

Agendas organizadas em torno de tempo são rígidas e têm pouca ambiguidade (por exemplo, começar às quatro da tarde em ponto). Isso ajuda a concluir tarefas e a desenvolver disciplina.

A desvantagem é que não há flexibilidade — pode ser que você esteja com dor de cabeça às quatro da tarde quando devia fazer algo ativo. A vida sabe bagunçar nossas agendas. E quando você deixa passar um marco e se atrasa com a atividade, chega àquele ponto esquisito em que não sabe se deve se sentir bem-sucedido ou culpado.

As agendas organizadas em torno de atividades são mais flexíveis e têm um pouco mais de ambiguidade. Elas ajudam a instituir estrutura em uma vida tipicamente desestruturada. O complicado é saber com exatidão quando uma atividade acaba e a outra começa. Se preciso escrever algo depois de almoçar em um restaurante, posso me acomodar e conferir as correspondências antes de começar? Tenho que ir direto para o computador? Pode ser que você esteja pensando que *não faz diferença*, mas faz sim, porque, como o poder dos mini-hábitos nos demonstrou, tarefas pequenas podem se prolongar em tarefas maiores com facilidade. De repente, você vai se dar conta de que está organizando a escrivaninha toda e lembrar: *ah, é, eu devia escrever*. Passos pequenos nos fazem começar e permitem que ganhemos embalo rumo a um objetivo significativo, mas o inverso também vale. Se você se permitir pequenas concessões, não vai demorar até perceber que elas cresceram contra a sua vontade.

A questão dos marcos de tempo ou atividade não é tão importante. As duas podem servir sem problema. O importante é que você escolha e que se atenha à escolha. A falta de decisão aqui é um erro grave, mas, antes de determinar sua escolha, existe mais uma opção que pode parecer surpreendente. É a minha preferida para todos os meus mini-hábitos atuais.

Marcos de hábito não específicos baseados em liberdade
(*mini-hábitos gerais*)

    Livros tradicionais sobre hábitos costumam falar de estudos a respeito da estrutura marco-comportamento-recompensa dos hábitos e depois descreverem o passo seguinte óbvio — escolher um marco, um comportamento e uma recompensa. Mas e se você quiser fazer algo mais além de pensar positivamente *em geral*? E se você quiser fazer algo em momentos variados? Os mini-hábitos abrem todo um campo novo de possibilidades. O que vou descrever agora é em particular relevante para agendas flexíveis e hábitos gerais como a gratidão.

    Os mini-hábitos se fundamentam em autonomia, liberdade e flexibilidade. O objetivo é você se *fortalecer* para obter sucesso constante. Essa filosofia pode ser aplicada a marcos de hábito restritivos se determinarmos um prazo de 24 horas *sem marcos específicos*.

    Já reparou que os hábitos ruins têm vários marcos, enquanto todo mundo sugere que um hábito bom devia ter só um? Não admira que os hábitos ruins sejam tão fortes! As raízes deles se espalham e alcançam vários marcos na sua vida. Isso acontece porque os hábitos ruins crescem naturalmente por repetição em circunstâncias diversas, enquanto cultivamos artificialmente os hábitos bons com a fórmula "marco único-comportamento--recompensa". É verdade que, mesmo se você só tiver um marco, vai prestar mais atenção a esse comportamento. Por exemplo, se você tiver dois pensamentos felizes às duas da tarde todos os dias, é provável que tenha mais pensamentos assim em geral. Mas fazer isso às duas da tarde todo dia pode parecer restritivo e forçado (dependendo da sua personalidade). Além do mais, quando você estabelece um horário específico para fazer alguma coisa, pode parecer *errado* fazer em um horário diferente. Dos que têm o hábito matinal de escrever, muitos *nunca* vão escrever em outros períodos do dia. Eu escrevo a qualquer momento do dia — o que se encaixar melhor na minha agenda.

Outro problema com marcos específicos é o peso extra que eles impõem à sua força de vontade. Quando você precisa sair para correr em algum momento hoje, é flexível. Quando você precisa sair para correr às três da tarde, é inflexível. A pressão adicional para realizar a atividade na hora certa aumenta o custo de força de vontade. Os hábitos tradicionais sugerem que você associe esse marco de tempo a uma atividade grande, o que dificulta ainda mais o seu sucesso. Mas, para nós, a quantidade total de força de vontade necessária até para ações "ativadas por marcos" ainda vai ser baixa, por causa do tamanho diminuto dessas ações. Portanto, os mini-hábitos combinam melhor com o modelo comum atual de "marco-comportamento-recompensa" do que os hábitos de tamanho tradicional.

Nota: não estou dizendo que marcos não específicos sempre são melhores; eles são melhores *para algumas pessoas e alguns hábitos*. Cada hábito precisa ser determinado individualmente.

O hábito geral é aquele que tem mais de um marco para a ação. Muita gente já tem *hábitos gerais* de comer, se entreter, navegar aleatoriamente na internet etc. Graças à quantidade estarrecedora de marcos que percebemos todos os dias, é interessante a ideia de não escolher um único marco para um hábito bom.

A rigidez de um único marco pode limitar as oportunidades sociais e a espontaneidade. Mas, segundo as teorias dominantes sobre hábitos, ter um só marco é a única forma viável de transformar algo em hábito. Para ter vários marcos seria preciso uma quantidade excessiva de força de vontade, e cada marco teria que ser desenvolvido individualmente, o que prolongaria o processo de formação do hábito. É por isso que os mini-hábitos são revolucionários.

Um mini-hábito geral exige que você cumpra seu requisito pequeno uma vez por dia, quando quiser. Não recomendo meia-noite como prazo, já que isso também é inflexível. Recomendo que você considere que o fim do dia é o momento em que você vai dormir. Assim é maior a chance de sucesso, porque você vai poder encaixar seus mini-hábitos no último segundo. Sei que isso pode parecer ruim, mas cumpre um propósito importante nas etapas iniciais dos mini-hábitos: alimenta sua sensação de sucesso constante, o que incrementa sua autoeficácia.

Fiz o Desafio da Flexão por alguns meses. Um dos meus marcos ridiculamente comuns no começo era fazer logo antes de ir para a cama (o prazo). Isso é uma indicação de disciplina ruim, porque eu não conseguia encaixar o hábito na minha agenda do dia. Mas, em vez de ir dormir com decepção, eu conseguia dormir com uma vitória (e em geral ainda fazia umas repetições extras). Quando você vai para a cama se sentindo um vencedor, sobretudo se forem vários dias seguidos, acaba desenvolvendo um desejo interno de melhorar mais ainda. Você já ouviu falar que sucesso gera sucesso, né? É verdade. Pessoas bem-sucedidas se esforçam mais do que pessoas deprimidas porque já têm sucesso. O sucesso estimula o entusiasmo e a ação. É isso que os mini-hábitos vão fazer com você. Você vai se sentir bem-sucedido, o que o fará querer cada vez mais sucesso. Não é só porque escrevi este livro e bolei este sistema que estou dizendo isso, mas também porque fui a primeira cobaia. Experimentei vários outros sistemas, e meus resultados com os mini-hábitos superam todas as outras tentativas.

De volta à história da flexão: depois de um tempo "virando o jogo nos 45 do segundo tempo", eu quis melhorar. Comecei a fazer minhas flexões mais cedo. O momento ainda variava (marcos diferentes). É por isso que não tem problema cumprir o requisito logo antes de ir dormir. Assim você se incentiva a desenvolver a própria disciplina pessoal. A disciplina pessoal genuína não é quando alguém dá ordem para você fazer as flexões, e sim *quando você decide fazê-las por conta própria*. É disciplina PESSOAL.

Apesar do meu grande sucesso lendo, escrevendo e me exercitando com frequência, era estranho, porque eu me sentia uma farsa. Eu não tinha "marcos de hábitos". Todos os livros famosos sobre hábitos falam disso. A ciência dizia que eram fundamentais. Eu só tinha requisitos diários e uma cota semanal de exercícios. As pessoas não deviam conseguir formar hábitos assim, e lá estava eu, me dando muito bem. Por quê?

A primeira coisa que percebi foi que esses estudos testam objetivos grandes que devoram força de vontade, como uma corrida matinal às seis da manhã, cem flexões por dia, ou um programa de exercícios completo. Reparei que os mini-hábitos são tão diferentes que algumas dessas regras mudam.

Os mini-hábitos são pequenos demais para dar errado, até mesmo sem marcos.

Você sempre vai poder pôr seu hábito em prática logo antes de ir para a cama (cada mini-hábito costuma levar mais ou menos um minuto). E essa verificação de hábitos toda noite também vai se tornar um hábito, o que é maravilhoso, porque assim você presta atenção na sua vida. *Cumpri meus requisitos hoje? Sim. Excelente!* *dormir*

Então o que acontece quando você tem um hábito pequeno demais para dar errado que carece de marcos? **O desenvolvimento de vários marcos de hábitos.** E isso é muito interessante. Por mais que eu adore rotinas matinais em particular e talvez decida desenvolver uma, tem sido ótimo ter um hábito *geral* de escrever. Para mim, a escrita lembra a estrutura de um hábito ruim. Sei que tenho marcos específicos (um que percebi é escrever depois de comer algo), mas, como são vários, parece que escrevo em momentos aleatórios.

Mas, espere um pouco... se pode demorar meses para formar um único hábito com só um marco, deve levar anos para criar vários marcos! Não. Mini-hábitos são minúsculos e fáceis; lembra o estudo que mencionei antes sobre o tempo de formação de hábitos?[1] A conclusão era que a dificuldade de um comportamento é o principal fator que determina o tempo necessário para ele se tornar um hábito. Ou seja, mini-hábitos podem se tornar rotina mais rápido do que hábitos tradicionais. A ressalva é que, se seu objetivo é escrever cinquenta palavras e você faz 2 mil por dia, pode demorar mais até 2 mil palavras se tornarem um hábito. Mas se você está indo bem nesse nível, esse "problema" é ótimo, não? E, sim, se você não tiver um marco específico, seu cérebro vai demorar mais para formar o hábito. Então, se você quiser acrescentar dez hábitos à sua vida e desejar velocidade, *vai ser mais rápido* estabelecer marcos específicos únicos para seus mini-hábitos. Por outro lado, se você quer que algo seja "entremeado" com flexibilidade na sua identidade e na agenda, como eu faço com a escrita, torne isso um mini-hábito geral.

Recapitulando as opções de marcos:

— Mini-hábitos gerais são feitos *uma vez por dia*.

— Mini-hábitos com marco de tempo são feitos *às três da tarde, às 9h45* etc.

— Mini-hábitos com marco de atividade são feitos *depois do almoço, antes do trabalho, enquanto dirige, depois de ir ao banheiro* etc.

Mais alguns detalhes sobre minha experiência com mini-hábitos gerais

Algumas pessoas escrevem de manhã. Eu escrevo a qualquer hora do dia. A escrita se tornou um modo de vida para mim. Sabe o que acontece comigo agora? Posso estar vendo TV e de repente me vem a vontade urgente de *escrever* (um sentimento esquisito ótimo!). Mas, quando estou vendo alguma coisa com outras pessoas, não sinto essa vontade, porque a situação é diferente. Reajo de maneira dinâmica e natural às circunstâncias. Quando um amigo meu passou alguns dias na minha casa, não escrevi tanto, e é exatamente assim que quero viver. Se isso se tornasse uma questão recorrente que atrapalhasse minha produtividade, eu poderia fazer ajustes.

Como dá para ver, isso também pode influenciar positivamente a correção de hábitos ruins. Os hábitos ruins "selvagens" crescem sem querer e aparecem em todo canto. Você vai ter 98 marcos para fumar um cigarro, 53 para ver vídeos no YouTube e 194 para navegar aleatoriamente na internet. É possível deixar seus mini-hábitos bons crescerem com essa mesma "selvageria". Como plantas em busca de nutrientes, seus hábitos bons podem acabar expulsando os ruins. Dá para ver que a escrita agora disputa com séries de TV no meu caso. Isso é menos provável com hábitos que tenham marcos específicos, já que eles estão ligados a um marco só. Veja bem, eles podem ser muito fortes, mas, se não se ligarem a um marco de um hábito ruim, ficarão isolados.

Atenção: é bom escolher com cuidado os hábitos que você vai "deixar crescer" sem controle. Por exemplo, algumas pessoas não conseguem relaxar agora porque são trabalhadoras compulsivas. O hábito de trabalhar é tão arraigado na identidade delas que a aposentadoria as deixa confusas e entediadas. Elas *querem* trabalhar. Decidi que quero escrever, e muito, pelo resto da vida, então estou disposto a deixar que meu hábito de escrever se funda à minha identidade (e o mesmo vale para a leitura e os exercícios físicos). Mas não sei se eu gostaria do mesmo tipo de hábito para banhos (uma vez por dia está de bom tamanho). Para isso, prefiro um hábito com marco, como tomar uma ducha assim que me levanto. Rotinas de sono e refeições também podem ter uma estrutura melhor, para que o corpo siga um ritmo circadiano e nutricional, respectivamente.

Se você quiser que algo se torne uma parte dominante da sua vida — alguns bons exemplos são pensamentos positivos, gratidão, generosidade, frugalidade, o ato de escrever/fazer exercícios/se manter ativo —, recomendo não estabelecer nenhum marco específico para seu mini-hábito. Basta determinar um prazo diário para fazer isso antes de se deitar à noite.

Se você quiser que certo comportamento ocupe um lugar específico na sua vida, estabeleça um marco específico. Por exemplo: fazer exercícios em dias específicos, ler antes de dormir e escrever de manhã. Algumas pessoas gostam de ter uma vida muito estruturada, então podem acabar optando apenas por marcos específicos. É uma questão de preferência. Dá até para escolher uma combinação de hábitos "selvagens" e com marcos.

Decisões tomadas no momento

Especialmente se você quiser adotar mini-hábitos gerais, a compreensão do processo decisório vai ajudar a fazê-los sempre que necessário.

As pessoas passam por dois estados de espírito quando tomam uma decisão. Primeiro, quando avaliamos nossas opções, é a mentalidade deliberativa. Depois, quando investimos na ação, é a mentalidade de implementação.[2]

O objetivo é seguir para a mentalidade de implementação (em vez de ficar preso na mentalidade deliberativa).

Uma vantagem dos marcos é que eles removem o processo deliberativo e nos ajudam a chegar mais rápido à mentalidade de implementação. Isso é muito interessante. Os marcos são o principal fator do que se conhece como *intenções de implementação*, que são decisões predeterminadas de quando e como exatamente você vai fazer algo. Sabe-se que as intenções de implementação favorecem o sucesso de um objetivo. Um mini-hábito com marco tem mais chance ainda de dar certo porque não demanda tanta dedicação. É tão pequeno que é "moleza".

Mas os mini-hábitos também podem funcionar sem marcos; é o tamanho minúsculo que os sobrepõe à concorrência de comportamentos. Então, embora a ausência de marcos o obrigue a passar pelo processo deliberativo, você não empaca na hora de tentar decidir se faz uma flexão ou escreve cinquenta palavras. É fácil demais para ficar pensando muito nisso. **Se você algum dia perceber que está protelando, lembre-se do tamanho ridículo da sua tarefa.**

Agora, anote os marcos que você escolheu para cada mini-hábito. Gosto de adotar o "uma vez por dia a qualquer momento" para todos os meus. Assim é mais simples.

PASSO 4: CRIE SEU PLANO DE RECOMPENSAS

Se você está preso e espera obter liberdade condicional, qual acha que é o melhor momento para a audiência com a comissão que vai decidir? Eu sei. É logo depois do almoço do juiz. Um estudo demonstrou que os juízes proferiam decisões mais favoráveis aos detentos logo depois de comer (eles supostamente estavam mais dispostos a escutar).[3] Quando observamos o gráfico do índice de detentos aprovados para liberdade condicional, vemos uma alta evidente depois de cada intervalo de almoço. O ato de tomar uma decisão difícil como conceder liberdade condicional faz parte do esgotamento de ego — o mesmo recurso energético que determina nossa força de vontade. E a comida é uma recompensa comprovada que o restaura.

O que você acha que aconteceria se você tentasse criar o hábito novo de enfiar a cara no chão e comer um pouco de terra? (Digamos que você *quisesse* formar esse hábito.) Você não conseguiria. O motivo óbvio é: *quem ia querer fazer isso?* Mas o motivo técnico, no que diz respeito ao cérebro humano, é: *qual é minha recompensa?* Não existe nenhuma recompensa associada a esse comportamento. Está mais para castigo. A oposição do seu cérebro seria *muito* intransigente.

Se você não pratica esportes, exercícios físicos podem ser um saco. A maioria das pessoas não gosta de correr em círculos ou subir escadas de mentirinha; nem de empurrar, puxar e levantar objetos pesados diversos na academia. Isso tudo traz uma sensação incômoda.

Sei, por experiência própria, que ir à academia é **três vezes** mais incômodo quando estamos fora de forma. É como se seus músculos dissessem: *Ei, a gente estava dormindo!* Depois da malhação intensa, você volta para casa, olha o espelho, e sua recompensa é... suor? A essa altura, seu cérebro provavelmente começa a perguntar: cadê a recompensa de verdade.

Existe uma recompensa natural para o cérebro quando fazemos exercícios. Com exercícios anaeróbicos, o cérebro secreta endorfinas, que produzem a sensação de bem-estar e são conhecidas também como "barato da corrida". Curiosamente, o levantamento de peso também produz endorfinas, mas só quando a atividade é puxada e intensa. Uma intensidade leve ou moderada não produz endorfinas porque não faz o corpo entrar em estado anaeróbico. Gosto da forma como o escritor Tom Scheve descreveu:

> Quando seu corpo passa do estado aeróbico para o anaeróbico, ele de repente começa a operar sem oxigênio suficiente para atender aos músculos e às células desesperadas pelo gás. É aí que acontece o "barato da corrida".[4]

Imagine que o estado anaeróbico é uma loja de departamentos durante a época das festas de fim de ano. O corpo não está dando conta das operações normais, então tem que entrar em outro ritmo para cobrir o aumento da demanda.

As endorfinas são uma ótima recompensa natural para o cérebro, mas talvez não bastem para algumas pessoas, especialmente no começo. Como exercícios físicos às vezes parecem um castigo, pode ser que você precise de uma recompensa maior. Não é à toa que os militares usam exercícios físicos como forma de punição.

O exercício possui recompensas primárias importantes, como abdome definido, grande satisfação e boa saúde, mas essas recompensas chegam muito tempo depois do começo dos exercícios. Enquanto isso, seu cérebro quer bolo AGORA! Bolo é uma recompensa sensorial (ou primária) porque o açúcar atinge as papilas gustativas e ativa o centro de recompensa no cérebro. Já os exercícios proporcionam principalmente recompensas abstratas (secundárias), como ostentar um belo corpo na praia, sentir satisfação com o esforço e outras formas de pensamento mais elevadas. As recompensas secundárias, como você já deve ter imaginado, demoram mais para "se firmar" no cérebro.

Associação de recompensas

Se a princípio as endorfinas dos exercícios e a promessa de resultados futuros não servem de recompensa para o seu cérebro, você precisa chamar reforços. E, como o mundo é sensacional, podemos trapacear no jogo dos hábitos acrescentando recompensas completamente aleatórias a certos comportamentos. Depois de um tempo, o cérebro vai associar o comportamento à recompensa, e é esse o objetivo! Mais tarde, o cérebro não vai mais precisar da recompensa (acrescentada).

Se você já se perguntou alguma vez por que tantos alimentos têm açúcar, pode ser porque o açúcar é uma substância ligeira ou moderadamente viciante. Quase tudo que proporciona uma recompensa ao cérebro pode viciar. Não é saudável consumir açúcar em excesso, mas o consumo de doses pequenas de açúcar para preservar um hábito importante talvez valha as calorias. O segredo é a moderação.

Uma maneira criativa que gosto de usar para recompensar meu cérebro é a risada, que libera substâncias químicas agradáveis. Depois de escrever, às vezes vejo vídeos hilários de sátira de dublagem no YouTube. Para fazer graça, da próxima vez que alguém reparar em você vendo um vídeo cômico no YouTube, responda que você está treinando seu cérebro. *É ciência!*

O segredo da construção de hábitos é comparar com o processo de ensinar uma criança a andar de bicicleta. No início, você garante que vai segurar a bicicleta enquanto a criança pedala. Mas, em algum momento, você solta, e a criança sai pedalando sozinha. Da mesma forma, no início a gente oferece ao cérebro uma recompensa extra depois do exercício físico, mas, com o tempo, a ideia de satisfação e as endorfinas conseguem sustentar o comportamento por conta própria. O cérebro aprende a reconhecer o valor dessas recompensas secundárias, que em muitos sentidos são mais agradáveis e fortes que as recompensas açucaradas, mas isso demora.

As recompensas sensoriais (primárias) duram tanto quanto a experiência. Mas a sensação que vem quando você está em ótima forma, ou quando faz algo positivo por 98 dias seguidos, não vai embora. Agora, estou olhando para um calendário enorme na parede cheio de marcações que me lembram do quanto progredi. Parece besteira eu me sentir feliz quando olho o calendário, mas meu cérebro sabe exatamente o que cada uma daquelas marcas significa. Na verdade, se você quiser ser mais feliz, um estudo demonstrou que o ato de comemorar vitórias é a estratégia mais eficaz para fazer a gente sentir satisfação com a vida.[5] Isso é uma baita validação do sistema *Mini-hábitos*, que se baseia na comemoração e na conquista de pequenas vitórias.

Estratégia de recompensas

No entanto, nem tudo é sacrifício na busca por recompensas. É divertido viver bem, e o estabelecimento de um hábito bom traz satisfação. Quer dizer, se você está fazendo exercícios físicos, dê uma olhada no espelho depois de algumas semanas e lembre como você conseguiu todo esse progresso. Se está escrevendo, comemore a quantidade de palavras alcançada. E, mesmo se só estiver cumprindo os requisitos mínimos, pense no hábito excelente que você está formando como base para o futuro.

Mas a estratégia também é importante. Se você escolheu a estratégia sem marcos, pode buscar recompensas depois de agir ou prestar atenção em suas emoções e se recompensar quando achar que precisa. Os mini-hábitos têm a vantagem de proporcionar uma noção maior de satisfação do que os hábitos tradicionais (ou seja, uma recompensa secundária maior!). Se você fica feliz com uma grande conquista, saiba que a sensação é melhor ainda quando 95% do seu esforço foi extra. Se bem que, quando faz muito trabalho extra, você talvez queira se recompensar para estimular *esse comportamento*.

Recompensas abstratas, como a noção de satisfação, são muito associadas à mentalidade. É por isso que reforço que você precisa comemorar seus pequenos sucessos. O sucesso inspira mais sucesso, porque gostamos dos resultados e da sensação de sucesso. Aprenda a gostar também de gratificação adiada. A expectativa de uma recompensa maior mais tarde é uma forma de recompensa que, muitas vezes, pode vencer a tentação de aproveitar uma recompensa menor imediatamente. Quanto mais você exercita e experimenta gratificações adiadas, maior vai ser sua satisfação com isso!

Minha regra geral é ser feliz nesse processo. Sei quando estou chegando perto do esgotamento, e é aí que eu paro para curtir minha recompensa.

Recompensas aparentemente restauram a força de vontade

Recompensas estimulam a repetição de comportamentos, mas você sabia que elas também restauram nossa força de vontade? Segundo o cientista cognitivo Art Markman: "Quando você estiver na frente daquela mesa cheia de guloseimas, vá procurar algum amigo e bater um papo divertido".[6]

Pode parecer uma sugestão estranha, mas *todo tipo* de recompensa pode servir como uma forma viável de restaurar a força de vontade.

Partindo do conceito de "esgotamento de ego" de Baumeister, vários estudos concluíram que o reabastecimento de glicose pode superar o esgotamento de ego.[7] Contudo, alguns cientistas pensaram em testar outra teoria de restauração da força de vontade: recompensas. Essa teoria sugere que a força de vontade seja restaurada pela recompensa que se sente ao ingerir açúcar.[8] Sabe-se que o açúcar ativa os centros de recompensa do cérebro.

Eles começaram com exercícios típicos que esgotam a força de vontade. Depois, um grupo bochechou sem engolir uma solução preparada com adoçante artificial (adoçantes artificiais não ativam os centros de recompensa do cérebro). O outro grupo bochechou uma solução com açúcar (que ativa os centros de recompensa que estão em contato com as papilas gustativas). Os resultados demonstraram que as pessoas que bochecharam o adoçante não apresentaram nenhuma melhora no esgotamento de ego, e as que bochecharam açúcar, sim (ou seja, a força de vontade delas foi restaurada à normalidade).[9] Como os níveis de glicose não foram restaurados, apenas os níveis de força de vontade, parece que pelo menos parte da restauração de força de vontade é resultado de recompensas percebidas pelo cérebro. Isso é uma boa notícia para as pessoas que querem emagrecer, pois significa que recompensas não alimentícias podem ajudar a restaurar a força de vontade.

Então, quando Markman diz para "procurar um amigo e ter um papo divertido", ele quer que você restaure sua força de vontade com uma recompensa para o cérebro. Aí, você terá mais chance de resistir àquele bolo de chocolate (ei, eu falei *mais chance*). É comum associar a força de vontade ao esforço de evitar hábitos ruins como esse, mas também usamos a força de vontade para nos obrigar a fazer coisas boas; então, incentivando comportamentos saudáveis *e* restaurando nossa força de vontade, as recompensas vão nos ajudar a manter nossos mini-hábitos bons.

PASSO 5: ANOTE TUDO

Anotar algo serve imediatamente para ressaltar esse algo no meio dos nossos pensamentos. Um estudo concluiu que todos os pensamentos (positivos ou negativos) têm mais destaque na nossa mente quando são escritos em uma folha de papel.[10] Não se identificou o mesmo impacto quando eles eram digitados. Você tem que escrever à mão para amplificá-los.

Aqui vão algumas estratégias para você monitorar seu progresso. Qualquer que seja a sua estratégia, recomendo que você liste seus sucessos antes de ir para a cama. Se listar as tarefas no começo do dia, a sensação de realização talvez reduza sua motivação para fazer "repetições extras". Além do mais, é um bom hábito fazer essa listagem antes de dormir para você não esquecer.

O grande calendário (recomendado)

Esta é a estratégia que eu uso para monitorar meus mini-hábitos. Tenho um calendário de mesa grande pendurado na parede do meu quarto. Escrevo meus mini-hábitos em uma lousa branca que fica do lado e vou marcando no calendário cada dia que eu os completo (ou seja, TODO dia, exceto a academia, que é três vezes por semana). No canto inferior esquerdo de cada dia, marco minhas idas à academia. Depois, no canto superior direito dos sábados (o último dia da semana), faço um pequeno sinal. Assim, posso olhar nesse canto e ver imediatamente quantas vezes fui à academia em determinada semana (ou nas anteriores). É simples e dá certo. Depois de meses de mini-hábitos, ainda me sinto muito bem ao marcar um dia concluído com sucesso!

Se você tem um mini-hábito híbrido, como ir à academia ou fazer uma flexão, pode anotá-lo com um A para Academia ou F para Flexão. Depois, pode consultar a frequência com que escolheu cada um.

Outra possibilidade é usar um calendário simplificado do ano todo, se for só para ir riscando os dias. E uma boa opção econômica é imprimir um dos inúmeros calendários gratuitos disponíveis na internet (dica: imprima seu calendário do Gmail). Quando você anota fisicamente uma marcação, seu sucesso parece mais tangível do que um acompanhamento digital. Além do mais, se puser o calendário em um lugar destacado, onde possa ser visto com frequência, você vai ficar mais atento aos seus mini-hábitos, sua evolução, seu sucesso. Não subestime o impacto que isso produz!

Parece que Jerry Seinfeld foi um pioneiro dos mini-hábitos. É famosa a história de que ele fazia um X enorme no calendário para cada dia em que cumpria sua tarefa de inventar piadas. Ele reconhecia que o progresso diário era fundamental para formar o hábito e aprimorar seu ofício como humorista.

Ele revelou seu segredo de produtividade ao jovem comediante Brad Isaac antes de uma apresentação certo dia. Brad escreveu sobre a resposta de Seinfeld em um texto para o Lifehacker:

> Após alguns dias, você tem uma corrente. É só continuar, e a corrente vai crescer a cada dia. Você vai gostar de olhar para essa corrente, em especial quando tiverem se passado algumas semanas. Depois, seu único trabalho vai ser não quebrar a corrente.[11]

Isso é uma boa maneira de resumir os mini-hábitos. Não queremos quebrar a corrente. E a única desculpa para quebrar a corrente é se esquecermos, porque os mini-hábitos são fáceis demais para dar errado. Mas o esquecimento também é uma desculpa ruim, porque seu calendário vai estar perfeitamente à vista, e toda noite, antes de dormir, você vai se perguntar: "Fiz meus mini-hábitos hoje?". E, só para deixar claro, não acho que mini-hábitos sejam uma modinha que você vai abandonar depois de alguns meses, e sim um investimento *para a vida toda*. É eficaz e flexível demais para desistir!

Os atos de anotar seus mini-hábitos no início e marcá-los conforme você os for realizando são **extremamente** importantes para o seu sucesso. Não deixe de fazer isso. Qualquer que seja o seu método para *monitorar* a conclusão dos mini-hábitos, sugiro que pelo menos você escreva os hábitos à mão em algum lugar visível.

Monitoramento digital

Algumas pessoas gostam de usar o celular, e, embora eu prefira o método convencional, os celulares têm vantagens consideráveis. A primeira é a acessibilidade — as pessoas os carregam para todos os cantos, até mesmo quando viajam de férias para o exterior. A segunda vantagem é que eles têm recursos de visibilidade e lembretes — alguns aplicativos podem avisar que você precisa fazer seus mini-hábitos (um marco concreto para agir).

Advertência: Alguns aplicativos podem sugerir que você estabeleça um objetivo vago como "beber mais água". Já vi recomendação justamente para esse objetivo. *Nunca* estabeleça objetivos vagos. Como é que se "bebe mais água"? Se você engolir algumas gotas no chuveiro, já basta? Objetivos vagos não são mensuráveis nem proporcionam um efeito concreto de sucesso ou fracasso. Efeitos concretos são *fundamentais* para a aplicação de comportamentos. Escolha mini-hábitos pequenos e específicos. Por exemplo, você pode estabelecer o mini-hábito de beber um copo d'água (e usar qualquer tipo de marco).

Considerações a respeito de aplicativos digitais

Você vai encontrar ideias de hábitos saudáveis preconcebidos em diversos aplicativos e sites. Resista ao impulso de começar esses hábitos, a menos que já estejam miniaturizados (improvável). Se você gostar muito de algum deles, lembre-se de miniaturizá-lo antes de acrescentar ao seu repertório! Parece divertido tentar cem flexões por dia, mas é menos divertido quando a gente desiste. É mais legal ter o objetivo de uma flexão por dia e superar esse objetivinho em mais de duzentos dias seguidos. Você pode experimentar os "planos de combinação" — os hábitos sinérgicos que você pode experimentar. São mais para você se divertir, então pode inventar apelidos legais como "Escritor Sarado". Esse plano de combinação inclui os seguintes mini-hábitos diários:

— fazer uma flexão (ou outro mini-hábito de atividade física);
— escrever cinquenta palavras;
— ler duas páginas de um livro.

PASSO 6: PENSE PEQUENO

Por que estamos usando hábitos tão pequenos quando poderíamos sonhar mais alto? E se você parar no objetivo pequeno? Ainda serve? Sim, e tem a ver com a força de vontade.

A vantagem da força de vontade é que ela pode ser incrementada. Pessoas muito disciplinadas são as que incrementaram a própria força de vontade. Mas isso é só para elas darem a partida. As pessoas em excelente forma que você vê na academia não precisam se obrigar mais a fazer exercícios. Elas já não precisam da força de vontade, porque os exercícios físicos se tornaram a *atividade preferencial* do cérebro delas. Quando você desenvolve um hábito, é como se falasse "Cérebro, temos que fazer exercício" e seu cérebro respondesse: "Eu já estava indo para a esteira. Trate de me acompanhar".

É bom fazermos três coisas em nosso caminho rumo ao hábito:
— incrementar nossa força de vontade;
— progredir no momento atual;
— não exaurir nossa força de vontade.

Ignorar qualquer uma delas seria um problema: quem gosta de viver sempre com pouco autocontrole? Quem quer progredir na vida só depois de "treinar" durante três meses? Quem quer exaurir toda a força de vontade e acabar esgotado? Hum... ninguém.

Essas três missões pesadas assim não inspiram muita confiança em uma resposta possível, mas pequenos passos atendem a todos os três requisitos. Vamos tratar de cada um.

Mini-hábitos para incrementar a força de vontade

De que adianta muita força de vontade se ela só dura duas horas por dia? Queremos ter força de vontade o dia inteiro. O treinamento de resistência na academia é levantar pesos mais leves muitas vezes, o que treina o músculo a resistir. Os mini-hábitos funcionam do mesmo jeito. Estamos estabelecendo tarefas que exigem pouca força de vontade, mas com muita frequência. É preciso muito pouca força de vontade para fazer uma flexão (talvez só um fiapo a mais do que você imagina — começar algo é de fato a parte mais difícil, especialmente no que diz respeito à força de vontade).

Com o tempo, essa repetição frequente de nos obrigarmos a fazer tarefas realizáveis incrementa nossa força de vontade. É questão de prática.

Mini-hábitos para progredir

A maior pergunta em torno do sistema *Mini-hábitos* com certeza tem a ver com a relevância de fazer só uma flexão ou ter um único pensamento positivo por dia. Para responder, você pode experimentar por conta própria e ver o que acontece, mas a pergunta ainda precisa ser analisada pela perspectiva da lógica. Como é que essa história de fazer atividades em um volume aparentemente irrisório pode produzir resultados de verdade? Os resultados acontecem de duas formas.

A. Repetições extras de mini-hábitos: Nada é mais motivador e inspirador do que a gente ver que está agindo. Na verdade, essa é uma estratégia fundamental de *Mini-hábitos* — quando estamos totalmente motivados para fazer algo, não precisamos de força de vontade. Embora dependamos 100% da força de vontade para realizar esses mini-hábitos, a motivação tem seu papel quando decidimos fazer mais. Em geral, me sinto muito motivado depois que começo meus hábitos, mas só de vez em quando *antes* de agir. Os mini-hábitos não são motivacionais; eles *geram* motivação. Passei dez anos tentando sem sucesso me motivar antes, então conheço muito bem o método, e ele me deixa ligeiramente irritado.

Toda vez que faço qualquer mini-hábito, quase sempre faço mais. E quando digo quase sempre estou falando de bem mais do que 90% das vezes; e, quando digo mais, estou falando de muito mais. A Elma Chips tinha o slogan famoso "É impossível comer um só". Bom, vai ser impossível você fazer uma só flexão ou escrever um punhado só de palavras. Depois que você começar, vai querer mais. A essa altura, vai ser tão fácil continuar quanto parar. Mas e se você não continuar? E se você só cumprir o requisito mínimo todo dia? Acabam-se as esperanças? Não, de jeito nenhum.

B. A rede de segurança dos mini-hábitos (formação de hábitos realmente míni): A ideia dos mini-hábitos é você aspirar a cinquenta palavras por dia e desenvolver o hábito de escrever 2 mil por dia, mas pode ser que isso não aconteça logo de cara. Se você insistir no seu mini-hábito mesmo cumprindo só o requisito básico, ele vai se transformar em hábito, e assim fica muito mais fácil fazer mais. Sei que para algumas pessoas o maior obstáculo vai ser a paciência. Você não quer ser a pessoa que escreve cinquenta palavras por dia — você quer se lançar a 4 mil palavras por dia e realizar seus sonhos o mais rápido possível. Tenho uma boa notícia. Se você conseguir escrever 4 mil palavras por dia, vá em frente. Com os mini-hábitos, não existe teto. Sinta-se à vontade para se matar de trabalhar. *Desde que consiga cumprir seu requisito minúsculo no dia seguinte também, não tem problema.*

Concluindo, se você só conseguir cumprir o requisito mínimo, mesmo assim vai desenvolver um hábito (e em relativamente pouco tempo, considerando o tamanho reduzido). Quando virar hábito, você estará em condição ideal para fazê-lo crescer. Digo literalmente: a base *perfeita* para fazer mais de qualquer coisa é quando o comportamento já é um hábito.

Saiba o seguinte: os mini-hábitos *nunca* nos reprimem. Seria o mesmo que dizer que uma faísca reprime o começo de uma chama. Os mini-hábitos são faíscas com potencial ilimitado. Talvez "objetivos normais" sejam algo como escrever 2 mil palavras por dia, mas isso pode ser tanto um teto quanto um piso. Você vai se satisfazer com 2 mil palavras por dia e dizer: "Já chega". Com meu objetivo de cinquenta palavras, teve dia em que escrevi mais de 5 mil. É muito importante entender isso porque, com a mentalidade errada, alguém poderia pensar que um objetivo pequeno seria uma forma de repressão. Em algum momento, essa faísca vai se tornar uma chama pequena, e depois vamos fazer um churrasco em uma fogueira imensa e contar histórias sobre os velhos tempos.

Se você quiser progredir agora mesmo, vai conseguir. Pode se matar de trabalhar o quanto quiser. E falo isso porque muitos leitores têm motivação para começar a toda.

Mini-hábitos aliviam a exaustão de força de vontade

Cheguei a comentar sobre isso nas outras partes, mas os mini-hábitos são incríveis porque você nunca vai ter desculpa para furar, nunca vai ter medo de furar e nunca vai se sentir culpado. Mesmo se ficar sem força de vontade, o requisito é tão mínimo que você vai dar um jeito de cumprir. Não consigo pensar em nenhum momento em que minha força de vontade tenha estado tão baixa a ponto de ser impossível fazer uma flexão, ler um par de páginas ou escrever cinquenta palavras. Nem um momento sequer.

Por todos esses motivos, os pequenos passos não reprimem ninguém — eles são fundamentais para o sucesso.

PASSO 7: CUMPRA SEU CRONOGRAMA E DESCARTE EXPECTATIVAS ELEVADAS

Expectativas são um negócio complicado da vida. É bom quando temos expectativas altas *em geral* para nós mesmos porque assim nosso teto fica mais alto. Em outras palavras, se você não acredita que é capaz de entrar em forma, não vai entrar nunca (como demonstrado no estudo sobre autoeficácia). A crença não aumenta sua capacidade para fazer as coisas — ela aumenta sua disposição para tentar. Se você nunca tentar entrar em forma, não vai acontecer!

Porém, é melhor evitar expectativas altas de caráter específico, como correr treze quilômetros ou escrever 3 mil palavras por dia. Você vai topar com o problema do "inchaço-surpresa" das suas metas. Mesmo se tiver deixado os mini-hábitos anotados em algum lugar visível, pode ser que seu cérebro repare que nos últimos vinte dias você escreveu umas 1500 palavras por dia, não cinquenta (um exemplo pessoal do meu começo). Seu cérebro sempre vai "registrar" o comportamento, não a intenção.

No nosso inconsciente, a extrapolação de objetivos pode criar uma nova expectativa no cérebro — que terá todo o peso e a pressão dos objetivos típicos que você estabelecia antes (quer dizer, aqueles que não funcionam). Então é crucial que você não esqueça que seu objetivo diário NÃO mudou. Ainda são só cinquenta palavras por dia. Se você continua indo além, isto pode parecer decepcionante, porque você não vai querer interromper sua série de 1500 palavras por dia. Para aplacar essa preocupação, pense no processo que o levou até esse momento (com o objetivo pequeno) e que você pode continuar escrevendo o quanto quiser, mas NÃO pode se sentir culpado ou fracassado se escrever cinquenta palavras. Cinquenta palavras são um SUCESSO. PONTO FINAL! Nem letras maiúsculas dão conta de ressaltar como isso é importante, porque, se você não entender essa parte, este livro terá sido uma perda de tempo. Todos os benefícios, todo o poder, todas as vantagens desta estratégia dependem da sua capacidade de manter o objetivo pequeno no papel *e* na sua cabeça.

Se a qualquer momento você sentir insegurança quanto a cumprir seu objetivo, confira se há algum requisito oculto na sua mente. Você está mesmo tentando atingir seu miniobjetivo, ou sua meta cresceu? **Recuse metas maiores — você pode fazer mais com as menores.**

Em vez de manter expectativas altas pela quantidade de trabalho, vamos depositar nossas expectativas e nossa energia na continuidade. A ferramenta mais poderosa da vida é a continuidade, porque é a única maneira de transformar comportamentos em hábitos, e, quando um não hábito se torna hábito, o que acontece é que de fato você parou de lutar contra o seu cérebro e se uniu a ele.

PASSO 8: PROCURE SINAIS DE HÁBITOS, MAS TOME CUIDADO PARA NÃO SE AFOBAR

Este passo é mais um lembrete para você ter paciência. A estratégia *Mini-hábitos* funciona, mas, se você abandonar um comportamento antes de ele se tornar um hábito de fato e acrescentar um conjunto novo de hábitos, vai se arriscar a deixar tudo cair como se fosse um malabarista desajeitado. (Eu sou um malabarista desajeitado, mas, se estabelecer o mini-hábito de treinar malabarismo por um minuto todo dia, aposto que vou ficar bom nisso.)

Sinais de que é um hábito:

— Nenhuma resistência: é mais fácil fazer o comportamento do que não fazer.

— Identidade: você agora se identifica com o comportamento e teria plena confiança para dizer "leio livros" ou "sou escritor".

— Ação impensada: você realiza o comportamento sem tomar uma decisão executiva. Você não pensa: *Ah, decidi ir para a academia*. Apenas pega suas coisas e vai porque é terça-feira ou porque acha que está na hora.

— Nada de preocupação: no começo, você talvez fique com receio de pular um dia ou desistir rápido demais, mas, quando um comportamento se torna habitual, você *sabe* que só não vai fazer se acontecer alguma emergência.

— Normalização: hábitos não são emocionais. Você não vai se empolgar porque "está fazendo!" depois de virar hábito. Quando o comportamento faz a transição e se torna normal, virou hábito.

— Tédio: hábitos bons não são empolgantes; eles só fazem bem. Você vai ficar mais empolgado com a vida *por causa* dos seus hábitos, mas não espere a empolgação com o comportamento propriamente dito.

Advertência: como lidar com extrapolações

A extrapolação é um dos motivos por que adoro esse sistema. Já falamos de como a extrapolação da sua meta várias vezes pode criar a expectativa de continuar extrapolando antes de sua força de vontade dar conta do trabalho. Isso é mais ou menos bom e mais ou menos ruim — é bom porque seu cérebro está começando a criar um hábito, mas é ruim porque aumenta a cobrança antes da hora, o que elimina os vários benefícios dos mini-hábitos. Começar pequeno e eliminar a pressão da expectativa é a receita para o sucesso e funciona; então é bom manter assim pelo máximo de tempo possível.

Repito: não quero dizer que você não pode fazer mais. Se você quiser muito correr oito quilômetros hoje, mas sua meta é só correr até a calçada da sua casa, ótimo! Fique à vontade e corra oito quilômetros, mas *não mude seu requisito para oito quilômetros*. Sempre esteja disposto a cumprir seu requisito minúsculo e voltar para dentro de casa (você normalmente não vai decidir voltar, mesmo tendo toda a liberdade para fazer isso).

Se não estiver extrapolando logo de cara, não se preocupe. Meu mini-hábito de escrever pegou fogo logo de cara, mas foi só no 57º dia que percebi extrapolações significativas constantes no meu mini-hábito de leitura. Algumas faíscas de mini-hábitos levam mais tempo para se incendiar. Depende principalmente do seu interesse pelo hábito e da dificuldade percebida no caso de ir além da meta inicial.

Escrevo bem mais do que meu requisito quase todo dia, mas ainda me consolo com minha liberdade. Posso parar nas cinquenta palavras. Se eu tiver planos, posso cumprir o requisito em questão de minutos e sair para aproveitar o dia.

Se você extrapolar, ótimo. Se não? Ainda é ótimo. Não é só o.k., é *ótimo*. A gente comemora todo progresso, porque não é fácil fazer o cérebro mudar. Mas se bem que até que é fácil mudar desse jeito, não é? Em comparação com o esforço de atingir um objetivo enorme e gastar até a última gota de força de vontade, isso é moleza, e os resultados são melhores.

Parte VII

Oito regras dos mini-hábitos

*Conheça bem as regras, para que possa
quebrá-las com eficácia.*
Dalai-lama XIV

Algumas regras foram feitas para serem quebradas. Estas não são, mas a frase do dalai-lama ainda vale. Quando você domina algo, não precisa mais seguir regras. O segredo é compreender os princípios por trás das regras.

Como estas regras também são úteis e positivas, você não precisa pensar em quebrá-las. Na verdade, se estiver sentindo dificuldade para progredir com seus mini-hábitos, provavelmente é porque está quebrando alguma delas.

1. NUNCA, JAMAIS TRAPACEIE

Existem algumas formas de trapacear com o sistema *Mini-hábitos*. A primeira, e a mais comum, é estabelecer um mini-hábito como fazer uma flexão por dia, mas *exigir* em segredo fazer mais de uma. Você precisa tomar cuidado especial para não fazer isso porque cada gota de requisito que você acrescenta vai demandar mais força de vontade. E, por mais que você seja capaz de suportar essa carga extra de força de vontade, pode ser que esteja tentando vários hábitos ao mesmo tempo, e o que queremos é garantir o sucesso, não andar na linha entre o sucesso e o fracasso. Você sempre pode fazer a mais, então deixe que as repetições extras partam de você, não do seu requisito. Se quiser fazer mais em uma sessão, mas está sentindo resistência, estabeleça outros pequenos requisitos depois do seu mini-hábito.

Ao contrário de outros programas de hábitos e estratégias de autoajuda, é muito raro haver desânimo nos mini-hábitos. Se você só precisa fazer uma única flexão ou abdominal, o que é que vai impedi-lo de conseguir? Não importa se seu objetivo é pequeno. Você está treinando seu cérebro para o sucesso e desenvolvendo uma versão menor do que espera conseguir realizar algum dia (e, dependendo da sua disposição, esse dia pode chegar logo!). Se seus resultados forem parecidos com os meus, você vai atingir suas metas maiores mais rápido do que imagina. Mas, por favor, por favor, não permita que isso eleve sua expectativa. Mantenha a expectativa baixa, assim você terá gana de fazer mais. Quando se der conta de como o começo é revigorante e de que, sim, você sempre teve muita motivação para fazer essas coisas (ela só estava adormecida até você começar), a vida vai ficar muito interessante.

2. FIQUE FELIZ COM QUALQUER PROGRESSO

Ficar feliz com progressos pequenos não é a mesma coisa que ter um baixo nível de cobrança. Bruce Lee tem uma frase que resume bem: "Seja feliz, mas nunca se dê por satisfeito". Bruce Lee fez mais com a vida curta de 32 anos dele do que duas pessoas normais com oitenta anos; então presto atenção ao que ele diz.

Em um TED Talk, Derek Sivers mostrou o vídeo de um homem dançando no meio de um evento ao ar livre.[1] O sujeito parecia um pouco bobo sozinho ali, dançando freneticamente ao som da música. Depois de alguns segundos, outra pessoa começou a dançar também. E aí passaram a ser duas. Após mais alguns segundos, outra pessoa se juntou a eles. E outra. E quando o grupo cresceu até ter umas dez pessoas, uma multidão imensa foi correndo dançar também. Dezenas de pessoas dançando freneticamente. É um baita espetáculo!

E como foi que começou? Um homem estava dançando.

Esse conceito mostra exatamente o que os mini-hábitos podem fazer por você. A multidão que entrou para a dança depois é como seus sonhos adormecidos — tímidos e com medo de agir. Eles não têm confiança para dançar na frente dos holofotes. O primeiro homem que estava dançando representa a sua decisão de dar o primeiro pequeno passo. Aí você percebe: *Ei, estou mesmo fazendo isso agora.* É então que seus sonhos adormecidos e suas paixões avançam para animá-lo. Você já tem toda a inspiração necessária, mas talvez ela esteja adormecida. Desperte-a com os mini-hábitos.

Os mini-hábitos são, no fundo, um truque bem simples para o cérebro, mas também são uma filosofia de vida que dá valor aos começos, ao gesto de permitir que a ação venha antes da motivação e à crença de que pequenos passos podem se acumular e virar saltos gigantescos para a frente. Quando você completa um mini-hábito, é como se seu minieu estivesse dançando — incentive-o, porque ele está começando sua festa de crescimento pessoal! Comemore qualquer progresso.

3. DÊ RECOMPENSAS A SI MESMO COM FREQUÊNCIA, ESPECIALMENTE DEPOIS DE UM MINI-HÁBITO

E se as próprias recompensas fossem uma recompensa? Quer dizer: e se houvesse algum benefício no ato de receber uma recompensa, além da recompensa propriamente dita? Em geral, encaramos recompensas como alguma coisa que ganhamos por fazer algo bom, mas as recompensas também podem retribuir. Quando você completa um mini-hábito e se dá uma recompensa — seja com comida, uma noite de diversão ou um monólogo na frente do espelho para dizer como você é incrível —, sua recompensa vai retribuir incentivando-o a realizar seu mini-hábito de novo.

Em última instância, isso cria um ciclo positivo de retroalimentação. Você vai se "viciar" em ter uma vida ótima, e se isso não é maravilhoso, não sei o que mais seria. Um comportamento perfeito proporcionaria uma recompensa agora *e* depois. Como a maioria dos comportamentos saudáveis (mastigar brócolis crus, por exemplo) proporciona poucas recompensas imediatas e mais no longo prazo, é bom acrescentar alguma forma de incentivo à atividade no começo. Depois, quando você perceber como está bem, vai poder pensar nos brócolis e sorrir.

O início é a parte mais difícil, tanto o momento em si quanto os primeiros dias da formação de um hábito. A princípio, você vai ver poucos resultados. Após uma sessão pesada de exercícios físicos, vai sentir o corpo dolorido, mas no espelho não vai aparecer nenhuma diferença. Depois de comer brócolis, não vai sentir nenhuma mudança. Depois de escrever no primeiro dia, não vai ter um livro completo. Mas quando você fizer essas coisas ao longo do tempo, vai acabar em forma, saudável e com alguns romances prontos.

Acho difícil que as pessoas se esqueçam de se recompensar, mas esta "regra" está aqui só por via das dúvidas.

4. MANTENHA A SERENIDADE

Procure adotar uma mentalidade tranquila e confie no processo. Nesses meses em que progredi tanto, não fiquei entusiasmado ou "pilhado" demais. Às vezes, chegou a ser *tedioso*. A diferença entre os vencedores e os perdedores é que os perdedores desistem quando começa a ficar tedioso e monótono. O importante não é a motivação; é impulsionar e conservar sua força de vontade para formar hábitos bons que durem a vida toda.

A mentalidade tranquila é a melhor que existe para a formação de hábitos porque é firme e previsível. Você pode se empolgar conforme for progredindo, mas não deixe essa empolgação se tornar a base para suas ações. É essa transição a favor da motivação e das emoções que frustra muitos planos de desenvolvimento pessoal!

5. SE ESTIVER SENTINDO MUITA RESISTÊNCIA, DÊ UM PASSO PARA TRÁS E DIMINUA

O "senso" comum diz que precisamos combater qualquer sentimento forte de resistência. Bom, isso é burrice. Já concluímos que a força de vontade é limitada, e se você está se esforçando para além da sua capacidade agora, vai acabar arrasado depois. Se acha que pode deixar para depois, não está considerando que talvez não tenha desejo ou força de vontade suficiente para fazer depois.

Imagine só. Você está sentado e quer fazer exercícios físicos, mas não está com *muita* vontade. Isso é uma resistência intensa. O que você faz? Nesse caso, em vez de lutar com seu cérebro, é melhor coagi-lo a fazer o que você quer. Sugira atividades cada vez menores até a resistência cair ao mínimo.

Se seu objetivo é malhar na academia, diminua até o requisito ser só ir até a academia. Se a situação estiver muito ruim, limite-se a abrir a gaveta da cômoda. Depois disso, pegue sua roupa de exercícios e vista-se. Se isso parece ridículo, ótimo! Quando parece ridículo é porque seu cérebro está aprovando. Esses passos "ridiculamente pequenos" passam despercebidos pelo radar do cérebro como um ladrão de joias especializado em evitar câmeras de vigilância e sensores de movimento. E quando seu cérebro se der conta, você já vai estar na esteira da academia. Nenhum passo é pequeno demais.

A boa notícia é que, mesmo que você se esgote, a solução para agir apesar do esgotamento é dar passos ridiculamente pequenos. Esgotamento é a exaustão da força de vontade — acontece quando as pessoas se obrigam a fazer muito por muito tempo. Mas, quando estiver caído no chão, exausto, você pode recorrer ao cérebro e dizer: "Ei, podemos fazer só uma flexão agora?". Depois disso, talvez você se motive a fazer mais, ou pode estabelecer mais alguns desses passos ridiculamente pequenos.

Se acha que essa estratégia parece absoluta e completamente ridícula e idiota é porque você acha que consegue fazer mais. Seu orgulho está dizendo que você não precisa se rebaixar a dividir atividades em etapas reduzidas. Mas toda realização gigantesca é composta de passos muito pequenos, e dar esses passos um de cada vez assim não é fraqueza; é precisão. Antes de fazer minha primeira flexão no Desafio da Flexão, eu me achava "bom demais" para isso. Eu pensava que uma flexão não adiantava nada (porque, em termos de exercício físico, é mais ou menos o mesmo que bater palma). Mas quando isso me ajudou a fazer meia hora de atividade física, mudei de ideia. Então experimente essa estratégia, e veja com seus próprios olhos que você será praticamente implacável.

Quando sinto resistência a fazer qualquer tarefa, eu a reduzo. Problema resolvido.

6. RELEMBRE COMO É FÁCIL

Quando você olha para sua minitarefa e sente resistência, provavelmente não está pensando em como ela é fácil.

Depois de um mês de mini-hábitos, eu sentia muita resistência a ler minhas duas páginas certa noite. Pensava que tinha lido muito no dia anterior e imaginava que precisava repetir o feito. Precisei lembrar que o requisito ainda era de apenas duas páginas.

Outra história interessante e inspiradora a favor dos mini-hábitos tem a ver com o livro de Allen Carr chamado *O método fácil de parar de fumar*. O livro de Carr produziu resultados melhores que o esperado ao ajudar as pessoas a largarem o cigarro. E sabe qual é a técnica básica? Sabe qual é a diferença entre o livro de Carr e a maioria das outras estratégias para parar de fumar?

Rick Paulas analisa o sucesso surpreendente em seu artigo sobre o livro:

> O mais impressionante em relação ao conteúdo do livro talvez seja o que ele não tem. Não há estatística alguma sobre câncer de pulmão, ataques cardíacos ou derrames. Nenhuma tática de assustar, como o pessoal das pegadinhas sociais do TheTruth.com gosta de fazer. Nenhuma ameaça velada à sua vida sexual ao falar de mau hálito

e dentes amarelados. "Com a intimidação pela saúde é mais difícil [parar]", escreve Carr. E obviamente não funciona.
[Paulas destaca que o livro repete] **Parar é fácil. Parar é fácil. Parar é fácil.**
"É muito repetitivo", diz Tompkins [um fumante]. "E eu sabia disso enquanto lia. Ora, é uma hipnose ou algo do tipo?"[2]

A palestra de cinco horas de Carr inspirada no livro tem um índice de sucesso de 53,3% e deixa outros métodos no chinelo (outros métodos têm um índice de sucesso de cerca de 10% a 20%). É surpreendente porque são só informações. Não é uma ação prática. Não é um adesivo que transfere nicotina para a corrente sanguínea.

E o segredo? O ingrediente crucial? A magia?

Ele faz os fumantes acreditarem, de maneira consciente ou inconsciente, que é fácil parar de fumar. Quando você acredita, como é o caso de muita gente, que é difícil demais parar de fumar... não faz sentido a hipótese de que talvez a sua própria mente esteja dificultando?

Os mini-hábitos levam você a acreditar que é fácil desenvolver hábitos saudáveis. Mesmo se você estiver cético agora, vai ser obrigado a admitir quando começar a funcionar.

Esqueça a falta de motivação; esqueça as batalhas épicas com a força de vontade. O nível de exigência é tão baixo que é possível não perder nunca. E quando você nunca perde, tende a vencer. Com o tempo, seu inconsciente vai mudar, e a partir daí será mais fácil alterar seu comportamento.

E deixe-me perguntar: por que esses (e outros hábitos saudáveis) eram difíceis, afinal de contas? Qual é a dificuldade de digitar palavras? Por que é um esforço tão grande mexer o corpo? Qual é o problema de passar uma hora sentado quieto para entender um texto? Esses se tornaram desafios gigantescos na nossa vida porque fomos doutrinados por uma sociedade baseada em motivação que nos diz que precisamos ficar pilhados para realizar nossos sonhos ou lavar roupa. Nosso cérebro foi treinado indevidamente com normas sociais, crenças limitantes e objetivos enormes.

Para muita gente, o inconsciente é algo completamente selvagem que domina o córtex pré-frontal, porque as pessoas se esgotam ao tentar mudar o cérebro mal calibrado de uma vez só. Os mini-hábitos são a maneira que você tem de dizer: *Não, quer saber? Não é difícil fazer exercícios físicos. É fácil. Vou para o chão fazer uma flexão agora mesmo, e isso é muito, muito fácil. É tão fácil que posso repetir todo santo dia. E vou.* Então você estará deitado no chão, começará e perceberá que também é fácil fazer mais uma flexão... e que é relativamente fácil fazer mais algumas. A essa altura, terá inspiração para continuar porque seu desejo geral de se exercitar se ligará à certeza de que você *consegue*.

Estou animado por você. Você vai descobrir que fácil e difícil são coisas relativas. Por que outro motivo algumas pessoas sofrem para sair da cama e dar uma volta na quadra enquanto outras correm supermaratonas? É uma diferença de mentalidade. Se você usar a maioria das estratégias atuais, vai ter muita dificuldade para transformar seu cérebro. Todas elas se baseiam em motivação ou dizem que você não pode desistir na hora da dificuldade. Mas essa inspiração fajuta não dura.

Os mini-hábitos foram criados para transformar seu cérebro e sua vida de dentro para fora. **Seu minirrequisito se torna uma faísca recorrente dentro do seu corpo e se recusa a morrer. ISSO é inspirador.** Na terceira semana, você vai perceber: *Uau, ainda estou fazendo isso.* Na sexta, os resultados vão aparecer (quantidade de palavras, músculo, perda de peso etc.) e sua crença anterior a respeito do que você era capaz de fazer vai desmoronar. Se você pensar pequeno, vai se tornar uma locomotiva. Você vai se impressionar com o embalo e a mudança de mentalidade que vão acontecer, assim como foi comigo.

Você sabia que está lendo uma prova dos mini-hábitos? Como é que um cara que sofre de indisciplina crônica conseguiu escreveu este livro *ao mesmo tempo* que escrevia posts de 4 mil palavras para o blog dele? Estabeleci um requisito pequeno — escrever só cinquenta palavras por dia. Na primeira semana, fiz uma média de mil palavras, mais ou menos. Na segunda, 1500. Na terceira, 2 mil palavras todo dia. Eu não estava me esforçando mais; só estava mais fácil do que antes.

Espero que você consiga ver as mudanças adiante ao usar os mini-hábitos. Não tem problema se você se empolgar, mas a empolgação não vai sustentá-lo. O que vai sustentá-lo é sua dedicação diária a realizar algo mínimo para fazer o máximo de diferença na sua vida.

Se estiver desconfiado, também não tem problema — só experimente, então você verá.

7. NUNCA PENSE QUE UM PASSO É PEQUENO DEMAIS

Se você acha que um passo é pequeno demais, está vendo a situação pela perspectiva errada. Todos os grandes projetos são feitos de etapas mínimas, da mesma forma como todo organismo é composto de células microscópicas. Pequenos passos ajudam a manter o cérebro sob controle. Pequenos passos às vezes são a única maneira de avançar quando a gente tem pouca força de vontade. Aprenda a amá-los e verá resultados incríveis!

8. DEDIQUE MAIS ENERGIA E AMBIÇÃO A REPETIÇÕES EXTRAS, NÃO A REQUISITOS MAIORES

Se você está ansioso para progredir muito, invista essa energia nas suas repetições extras. Requisitos maiores parecem algo bom no papel, mas são as ações que contam. Seja a pessoa com objetivos constrangedores e resultados impressionantes, não uma das muitas pessoas com objetivos impressionantes e resultados constrangedores.

Considerações finais

UMA MODIFICAÇÃO OPCIONAL: AUMENTE O MINIRREQUISITO GRADUALMENTE (CUIDADO!)

Esta é uma versão modificada do sistema *Mini-hábitos* em que você aumenta aos poucos seu requisito. Prefiro não fazer isso porque, com um requisito maior, a gente perde liberdade, flexibilidade e autonomia. Nunca senti necessidade de fazer isso com meus mini-hábitos porque o requisito só me afeta quando cumpro o mínimo absoluto (e, nesses dias, é ótimo que o mínimo seja fácil).

O melhor motivo para aumentar seu requisito é se você passar dia após dia cumprindo só o mínimo. Ainda assim, eu esperaria pelo menos um mês antes de fazer isso. Se você passar muito tempo sem fazer nada extra além do seu compromisso fácil, pode ser que os mini-hábitos não sejam um método tão eficaz para você. Mas não esqueça a rede de segurança — eles ainda vão evoluir até virar hábitos, e é relativamente fácil incrementar um hábito pequeno.

Se você funciona melhor com uma estrutura rígida, vale a pena considerar essa opção. Mas até um comportamento se tornar hábito, é arriscado aumentar os requisitos. Se você aumentar, recomendo que seja *muito* gradualmente.

Quando você já tiver um hábito, pode experimentar com requisitos maiores (como meu requisito normal de ir à academia depois de seis meses fazendo uma flexão por dia). Como a essa altura você partirá de uma base robusta e terá bastante força de vontade, requisitos maiores são muito mais factíveis. Mas eu não teria pressa para fazer isso se os resultados com os minirrequisitos estiverem indo bem.

Pode ser que você precise cumprir o requisito básico por sessenta dias antes de poder impulsionar o hábito. Foi assim que fiz com a leitura (como comentei, foi no dia 57 que vi uma grande melhora).

Comecei com uma flexão por dia e, durante uns seis meses, fiz só no máximo vinte flexões diárias. De vez em quando, eu também malhava na academia, mas, no começo, eu só precisava fazer isso. No final de junho, mudei meu objetivo para ir até a academia três vezes por semana. Não sei se teria conseguido fazer isso no começo (talvez), mas sei que o Desafio da Flexão me ajudou a desenvolver a disciplina pessoal e a disposição de fazer exercícios físicos a ponto de facilitar esse aumento.

APLIQUE ESTA ESTRATÉGIA EM OUTRAS SITUAÇÕES

Mini-hábitos não é só um sistema para ensinar você a desenvolver novos hábitos saudáveis — é um guia de autocontrole. Agora você sabe como o seu cérebro funciona, por que a motivação não serve e como administrar a força de vontade para que dure. Use essas técnicas em qualquer situação em que você quiser agir.

Quanto mais você souber usar os mini-hábitos, mais sucesso vai ter em todos os aspectos da vida.

O livro acaba aqui. Espero que você tenha gostado da leitura. Espero que o fim deste livro seja o novo começo de uma jornada muito empolgante de *Mini-hábitos*. Desejo muitos pequenos sucessos para você, várias e várias vezes.

Atenciosamente,
Stephen Guise
E-mail: sguise@deepexistence.com

Notas

PARTE I [pp. 9-28]

1. Loran F. Nordgren, Frenk van Harreveld e Jopp van der Pligt. "The Restraint Bias: How the Illusion of Self-Restraint Promotes Impulsive Behavior". *Psychological Science*, v. 20, n. 12, pp. 1523-8, dez. 2009. Disponível em: <http://pss.sagepub.com/content/20/12/1523>. Acesso em: 3 dez. 2018.

2. Universidade de Scranton, *Journal of Clinical Psychology*, 2012. Disponível em: <http://www.statisticbrain.com/new-years-resolution-statistics/>. Acesso em: 3 dez. 2018.

3. David T. Neal, Wendy Wood e Jeffrey M. Quinn. "*Habits*: A repeat performance". *Current Directions in Psychological Science*, v. 15, pp. 198-202, 2006. Disponível em: <http://web.archive.org/web/20120417115147/http://dornsife.usc.edu/wendywood/research/documents/Neal.Wood.Quinn.2006.pdf>. Acesso em: 3 dez. 2018.

4. Jeffrey M. Quinn et al. "*Can't control yourself? Monitor those bad habits*". *Personality and Social Psychology Bulletin*. v. 36, n. 4, pp. 499-511, 2010.

5. Maia Szalavitz. "Stress Can Boost Good Habits Too". *Time Magazine Online*. 27 maio 2013. Disponível em: <http://healthland.time.com/2013/05/27/stress-can-lead-to-good-habits-too/>. Acesso em: 3 dez. 2018.

6. Phillippa Lally et al. "How Are Habits Formed: Modelling Habit Formation in the Real World". *European Journal of Social Psychology*, v. 40, n. 6, pp. 998-1009, 2010. DOI: 10.1002/ejsp.674.

PARTE II [pp. 29-39]

1. François Lhermitte, Bernard Pillon e M. Serdaru. "Human Autonomy and the Frontal Lobes. Part I: Imitation and Utilization Behavior: A Neuropsychological Study of 75 Patients". *Annals of Neurology*, v. 19, n. 4, pp. 326-34, 1986. Disponível em: <http://pacherie.free.fr/COURS/MSC/Lhermitte-AnNeuro-1986a.pdf>. Acesso em: 3 dez. 2018.
2. Ibid., p. 328.
3. Ibid.
4. Ibid.
5. Carol A. Seger e Brian J. Spiering. "A Critical Review of Habit Learning and the Basal Ganglia". *Frontiers in Systems Neuroscience*. v. 5, p. 66, 2011. Disponível em: <http://www.ncbi.nlm.nih.gov/pmc/articles/PMC3163829/#!po=15.2174>. Acesso em: 3 dez. 2018.
6. Barbara J. Knowlton, Jennifer A. Mangels e Larry R. Squire. "A Neostriatal Habit Learning System in Humans". *Science*, v. 273, n. 5280, pp. 1399-402, 1996.

PARTE III [pp. 41-56]

1. Jeremy Dean. *Making Habits, Breaking Habits: Why We Do Things, Why We Don't, and How to Make Any Change Stick*. Cambridge: Da Capo Press, 2013, p. 9.
2. Wendy Wood, Jeffrey M. Quinn e Deborah A. Kashy. "Habits in Everyday Life: Thought, Emotion, and Action". *Journal of Personality and Social Psychology*, v. 83, n. 6, pp. 1281-97, dez. 2002.
3. Jeremy Dean, op. cit., p. 10.
4. Mark Muraven e Roy F. Baumeister. "Self-Regulation and Depletion of Limited Resources: Does Self-Control Resemble a Muscle?". *Psychological Bulletin*, v. 126, n. 2, pp. 247-59, 2000. Disponível em: <http://psyserv06.psy.sbg.ac.at:5916/fetch/PDF/10978569.pdf>. Acesso em: 3 dez. 2018.
5. Megan Oaten e Ken Cheng. "Longitudinal Gains in Self-Regulation From Regular Physical Exercise". *British Journal of Health Psychology*, v. 11, n. 4, pp. 717-33, nov. 2006. Disponível em: <http://www.ncbi.nlm.nih.gov/pubmed/17032494>. Acesso em: 3 dez. 2018.
6. Roy F. Baumeister et al. "Ego Depletion: Is the Active Self a Limited Resource?". *Journal of Personality and Social Psychology*, v. 74, n. 5, pp. 1252-65, 1998.
7. Kathleen. D. Vohs et al. "Decision Fatigue Exhausts Self-Regulatory Resources". Disponível em: <https://www.psychologytoday.com/files/attachments/584/decision200602-15vohs.pdf>. Acesso em: 3 dez. 2018.

8. Martin S. Hagger et al. "Ego Depletion and the Strength Model of Self-Control: A Meta-Analysis". *Psychological Bulletin*, v. 136, n. 4, pp. 495-525, jul. 2010. Disponível em: <http://www.ncbi.nlm.nih.gov/pubmed/20565167>. Acesso em: 3 dez. 2018.

PARTE IV [pp. 57-74]

1. Veronika Job, Carol S. Dweck e Gregory M. Walton. "Ego Depletion — Is It All in Your Head? Implicit Theories About Willpower Affect Self-Regulation". *Psychological Science*, v. 21, n. 11, pp. 1686-93, set. 2010. Disponível em: <http://www.ncbi.nlm.nih.gov/pubmed/20876879>. Acesso em: 3 dez. 2018.
2. Christoher C. Berger e Henrik Ehrsson, "Mental Imagery Changes Multisensory Perception". *Current Biology*, v. 23, n. 14, pp. 1367-72, 27 jun. 2013. Disponível em: <http://ki.se/ki/jsp/polopoly.jsp?d=130&a=165632&l=en&newsdep=130>. Acesso em: 3 dez. 2018.
3. Martin S. Hagger et al., op. cit., p. 2.

PARTE V [pp. 75-88]

1. Thomas L. Webb e Paschal Sheeran, "Does Changing Behavioral Intentions Engender Behavior Change? A Meta-analysis of the Experimental Evidence". *Psychological Bulletin*, v. 132, n. 2, pp. 249-68, 2006.
2. Roy F. Oman e A. C. King, "Predicting the Adoption and Maintenance of Exercise Participation Using Self-Efficacy and Previous Exercise Participation Rates". *American Journal of Health Promotion*, v. 12, n. 3, pp. 154-61, jan.-fev. 1998. Disponível em: <www.ncbi.nlm.nih.gov/pubmed/10176088>. Acesso em: 3 dez. 2018.
3. Jennifer S. Fletcher e Jacquelyn L. Banasik, "Exercise Self-Efficacy". *Clinical Excellence for Nurse Practitioners*, v. 5, n. 3, pp. 134-43, maio 2001. Disponível em: <www.ncbi.nlm.nih.gov/pubmed/11381353>. Acesso em: 3 dez. 2018.
4. Albert Bandura, "Self-Efficacy: Toward a Unifying Theory of Behavioral Change". *Psychological Review*, v. 84, n. 2, p. 194, 1977.
5. "Majority of Employees Don't Find Job Satisfying". *Right Management*. 17 maio 2012. Disponível em: <www.right.com/news-and-events/press-releases/2012--press-releases/item23352.aspx>. Acesso em: 3 dez. 2018.
6. Jorge Cabrita e Heloisa Perista, "Measuring Job Satisfaction in Surveys — Comparative Analytical Report". Observatório Europeu da Vida Profissional. 2006.

Disponível em: <https://www.eurofound.europa.eu/publications/report/2006/measuring-job-satisfaction-in-surveys-comparative-analytical-report>. Acesso em: 3 dez. 2018.

7. Juliano Laran e Chris Janiszewski, "Work or Fun? How Task Construal and Completion Influence Regulatory Behavior". *The Journal of Consumer Research*, v. 37, n. 6, pp. 967-83, abr. 2011.

8. Ibid., p. 968.

9. Aparna A. Labroo e Vanessa M. Patrick, "Why Happiness Helps You See the Big Picture". *Journal of Consumer Research*, v. 35, n. 5, pp. 800-9, 2008.

10. Ayelet Fishbach e Ravi Dhar, "Goals as Excuses or Guides: The Liberating Effect of Perceived Goal Progress on Choice". *Journal of Consumer Research*, v. 32, pp. 370-7, 2005. Disponível em: <http://www.psychologytoday.com/blog/the-science-willpower/201112/the-problem-progress-why-succeeding-your-goals-can-sabotage-your-w>. Acesso em: 3 dez. 2018.

PARTE VI [pp. 89-128]

1. Phillippa Lally et al., op. cit.

2. Kathleen D. Vohs et al., op. cit., pp. 7-8.

3. Shai Danziger, Jonathan Levav e Liora Avnaim-Pesso, "Extraneous Factors in Judicial Decisions". *PNAS*, v. 108, n. 17, pp. 6889-92, 2011. Disponível em: <http://www.pnas.org/content/108/17/6889.full.pdf>. Acesso em: 3 dez. 2018.

4. Tom Scheve, "Is There a Link Between Exercise and Happiness?". How Stuff Works, p. 3. Disponível em: <science.howstuffworks.com/life/exercise-happiness2.htm>. Acesso em: 3 dez. 2018.

5. Jordi Quoidbach et al., "Positive Emotion Regulation and Well-Being: Comparing the Impact of Eight Savoring and Dampening Strategies". *Personality and Individual Differences*, v. 49, n. 5, pp. 368-73, out. 2010. Disponível em: <www.sciencedirect.com/science/article/pii/S0191886910001820>. Acesso em: 3 dez. 2018.

6. Art Markman."Is Willpower Energy Or Motivation?". *Psychology Today*, 2012. Disponível em: < https://www.psychologytoday.com/us/blog/ulterior-motives/201211/is-willpower-energy-or-motivation>. Acesso em: 3 dez. 2018.

7. Martin Hagger et al., op. cit.

8. Aparna A. Labroo e Vanessa M. Patrick, op. cit.

9. Ibid.

10. Pablo Briñol et al., "Treating Thoughts as Material Objects Can Increase or Decrease Their Impact on Evaluation". *Psychological Science*, v. 24, n. 1, pp. 41-7,

jan. 2013. Disponível em: <http://pss.sagepub.com/content/24/1/41>. Acesso em: 3 dez. 2018.

11. Brad Isaac, "Jerry Seinfeld's Productivity Secret". *Lifehacker*, 2007. Disponível em: <http://lifehacker.com/281626/jerry-seinfelds-productivity-secret>. Acesso em: 3 dez. 2018.

PARTE VII [pp. 129-141]

1. Derek Sivers, "How to Start a Movement". TED Talk. 2010. Disponível em: <http://www.ted.com/talks/derek_sivers_how_to_start_a_movement.html>. Acesso em: 3 dez. 2018.

2. Rick Paulas, "Quitting Smoking Is Easy When It's Easy". *Outside Magazine Online*. 2012. Disponível em: <http://www.outsideonline.com/fitness/wellness/Quitting-Smoking-Is-Easy-When-Its-Easy.html>. Acesso em: 3 dez. 2018.

1ª EDIÇÃO [2019] 4 reimpressões

ESTA OBRA FOI COMPOSTA PELA ABREU'S SYSTEM EM INES LIGHT
E IMPRESSA EM OFSETE PELA LIS GRÁFICA SOBRE PAPEL PÓLEN BOLD DA
SUZANO S.A. PARA A EDITORA SCHWARCZ EM MAIO DE 2024.

A marca FSC® é a garantia de que a madeira utilizada na fabricação do papel deste livro provém de florestas que foram gerenciadas de maneira ambientalmente correta, socialmente justa e economicamente viável, além de outras fontes de origem controlada.